JN096970

人を支える誠意

社会福祉実践における
価値規範の探求

倉田康路　著

川島書店

は　じ　め　に

　世界のなかでも特に日本人は人と人との関係性を大切にするといわれている。そして、誠実であることを重んじる。人は誰しも人の誠意ある気持ちに好感を抱き、その価値を認める。誠実な心を意味する誠意の観念は、わが国において長年にわたり形成されたものであり、人と人とを結びつける心性となって今に存在している。

　しかし、誠意の語意は多義的である。そして、関係性によっても、場面によってもその意味が異なってくる。誰の、誰に対する誠意なのか、その誰と誰とは、どのような関係にあるのか、どのような状況のなかでの誠意なのかが問われる。また、誠意の主体は、個人としての人だけではなく、人の集団や専門的な役割をもつ集合体としての組織にもあてはめることができる。さらに誠意は、他者にむけられるだけではなく、自己にむけられるものでもある。

　本書は、誠意の心性が広くわが国の市民社会で受け入れられ、人間関係のなかで重視される価値であることに着目し、人を支える価値として援用し、人を支える取り組みである社会福祉実践にあてはめて概念形成を試みるものである。

　人は、多くの人から支えられている。支えられている人も、また、誰かを支えているはずである。人は、人を支え、支えられながら、そして、人と人とは、支え、支えられる関係のなかで生きている。その関係はすぐれて感情と感情とが相対する対人関係であり、支える人が支えられる人にむける感情は、敏感に受け止められることとなる。人を支える場面において誠意は、支える人と支えられる人、相互の関係性に大きく作用するものと思われる。それは、誠意が感じられる場合に肯定的に作用するばかりでは

なく、誠意が感じられない場合に否定的に作用してしまうことにもなる。

　心情性の強い、情としての誠意は、時として一方的で独り善がりになってしまうこともある。人を支える誠意として、その目的にかなう誠意であること、すなわち、理にかなう誠意であることが前提とされなければならない。ここに誠意の概念を、人を支えるという場面に援用し、導き出していくという本書のテーマの独自性がある。さらに人を支えるということを社会福祉実践にあてはめ、その取り組みに通じる価値としての誠意とは何かを探求するところに新たな試みがある。社会福祉実践は価値を基盤として、その価値に支えられながら対象となる人たちや社会にむけて働きかけることである。

　本書は、序論、本論、結論の枠組みを基盤に、3部、10章から構成される。まず、序論に構成される第Ⅰ部として、人を支える価値観念として誠意が求められる背景（第1章）や一般に意味する誠意とは何か、誠意の基本的概念や特性についてまとめるとともに（第2章）、誠意の基本的概念を、人を支える社会福祉実践場面に援用し、社会福祉実践を支える価値規範として位置づけることとする（第3章）。

　次に本論に構成される第Ⅱ部では、社会福祉実践を支える価値規範としての誠意とは何か、調査に基づき実証的な検討を試みる。サービス利用者と援助者との関係を取りあげ、サービス利用者が援助者に求める誠意とは何か（第4章）、そして、事業者がサービス提供上に意識する誠意とは何か（第5章）について考察するとともに、苦情申立ての場面を取りあげ、苦情を通して表出される「誠意のなさ」への批判（第6章）、苦情事例に基づくサービス提供上の誠意の崩壊（第7章）について考察する。

　最後の結論に構成される第Ⅲ部では、本論にて得られた知見に基づいて社会福祉実践における誠意はどのように形成されるのか、誠意をむける主体（援助者）と客体（利用者）との双方向的視点から検討し（第8章）、誠意の連関性についてまとめ（第9章）、援助関係に表わされる誠意について論及する（第10章）。

目　　次

第Ⅰ部

人を支えることと「誠意」
―問題意識と目的―

第1章 ■

「誠意」への関心

◀ ## 第1節　誠意への標榜

　「誠実な人」とされる人にマイナスのイメージは抱かないだろう。一般に「誠意」を否定する人はいない。人間の生き方として誠実であることが標榜され、人は人に対して誠意を求め、誠意が感じられるときにその人を好意的に受け止めることができる。他方、誠意が感じられないとき、その人は誠意のない人として否定的に受け止められることになってしまう。誠意は「観念」としてのものの考え方に止まらず、人びとの守り行うべき道や善悪を判別する「倫理」や「道徳」として、また、行動や判断の基準となる「規範」として、そして、物事を評価するときの基準となる「価値」となって指針を示す。

　個人の心情的な思いを表現するばかりではなく、人を肯定的にも否定的にも評価するものとなって作用する誠意の価値は、社会に共有された社会規範となる価値、すなわち、価値規範として位置づけることができよう。価値規範とは、個人の好悪を離れて客観的に承認される絶対性をもつ価値であり、人間の社会においてプラスに作用し、普遍性をもつものといえる。

　誠意の価値は、特に人とのかかわりや人間関係のなかで重視されているものと考えられる。インフォーマルな関係としての家庭での家族関係、その延長としての親族関係、友人や知人との関係、地域における近隣関係、フォーマルな関係としての職場での関係やそのなかでの同僚との関係、上司との関係、さらには顧客との関係など、われわれはさまざまな人とのかかわりや人間関係を社会のなかで持ちながら生きている。誠意の価値は、人とかかわり、関係性が生じるすべての場面で作用し、機能するものといえよう。

　人間のものの感じ方や考え方、そして価値観は、生まれてすぐに形成されるものではなく、生まれ育った環境や長い歴史を通して培われてきた文化などによって身につくものであろう。日本の伝統的思想の一つとして誠意（誠実）の観念をあげることができるのではないだろうか。誠意は、わ

が国において古代から現代にわたり標榜され、今日に至るまでの長い時代を経るなかで人びとの心に浸透してきたものとされる（相良 1958[1]　西田 2017[2] ほか）。

1）相良　亨（1958）『日本人の伝統的倫理観』理想社，7-13.
2）西田知己（2017）「誠実」『日本語と道徳』筑摩書房，134-162.

◀ 第2節　人を支える人と誠意

1．ヒューマンサービスと誠意

　人と人とがかかわり、つながるなかで、人は人を支えることができる。その人と人のいずれかが相手に対してネガティブな感情や不満を抱いてしまうと、良好な関係を築くことはできなくなってしまう。人を支えるという場面において、支える立場に存在する者の相手に対する向きあい方は、両者の関係性に大きな影響を及ぼし、反映されることとなろう。支える立場にいる者が、相手に対してどのような価値観をもって向きあうことができるのかが問われることとなる。

　ヒューマンサービスは、サービス提供者という人と、サービス利用者という人との直接的なかかわりをもって成立し（直接性）、そのかかわりはプライバシーにかかわるものであったり、踏み込んだなかで密着してもたれるものであったりする（密着性）。そして、そのようなかかわりが長期にわたることが一般的である（長期性）。また、生産と消費が同時並行で行われ、不可分な関係にあるサービスの提供は、サービス利用者との協同のうえで可能となる（協同性）。サービス利用者の合意や協力がなければサービスを提供することは困難となる。さらに、ヒューマンサービスはサービス利用者の主体性が尊重されなければならない（利用者主体性）[3]。

　人と人とがかかわり、つながるなかで人を支えるヒューマンサービスにおいて誠意の価値は、そのかかわりとつながりに作用し、人を支えることに有効に機能するものと考えられる。田尾（2001）[4] は、ヒューマンサー

3）島津　望（2005）『医療の質と患者満足　─サービス・マーケティング・アプローチ─』千倉書房，17-19．浦野正男（2017）「サービスマネジメント」『福祉サービスと経営』中央法規，124-127．
4）田尾雅夫（2001）『ヒューマン・サービスの経営』白桃書房，6-7．

ビスが原則として対人的であることから、その関係において信用や信頼が不可欠であり、その可否や是非を決定する重要な要素となることを指摘したうえで、信用や信頼を獲得するためには人間的な要因としての熱心さや誠意が作用すると主張する。そして、人間的な要因としての熱心さや誠意はサービスの量だけではなく、質を決定し、それらが不足すれば明らかに不幸な事態を招くとする。

　ヒューマンサービスの一つである看護の領域において小河ら（2003）[5]は、入院患者の術後の回復意欲につながる要因としてスタッフの誠意をあげ、医療者の言葉かけ、感謝の気持ち、看護師のやさしい態度、スタッフの献身的態度、スタッフによるポジティブなフィードバックが誠意となって作用していることを報告している。また、多和（2009）[6]は、看護師の患者に対する誠実性のある態度を形成する要素として、受容、言葉、行為、信頼、誠意をあげ、これらの要素は「患者・家族に寄り添い支えることができること」につながるものであるとする。さらに藤原ら（2010）[7]は、看護師と患者の人間関係を円滑に構築していく基盤となるものとして誠意をあげ、患者に対する看護師の誠意の構造を論証している。これらに報告されている研究は、いずれも誠意が看護実践において有益であること示唆するものといえる。

　同じくヒューマンサービスとしての教育の領域においても教育現場で掲げられている学校教育目標の内容などから「誠意」「誠実」への志向をうかがうことができる。小中高校それぞれの学校で設定される学校教育目標の実態として、学力向上など知的・技術的性格に該当する目標とともに、感情的・情操的、道徳的・意志的な性格に該当する「誠実」や同語に関連

5) 小河徳恵・佐野涼子・黒岩尚美ほか（2003）「術後患者の回復意欲となる要因」『山梨大学看護学会誌（I-2）』山梨大学，29-33.
6) 多和幼子（2009）「患者に対する誠実性のある態度についての一考察　―態度形成段階の基準を基に事故の態度を分析して―」『神奈川県立保健福祉大学実践教育センター看護教育研究集録（34）』172-179.
7) 藤原史博・勝原裕美子（2010）「患者に対する看護師の誠意の構造　―インタビューの結果から―」『日本看護管理学会誌（Vol.14　No.2.）』日本看護管理学会，5-14.

づけられる「情」「思いやり」などがあげられていることが報告されている（沢井　1981[8]，下村　1994[9]）。目標とは、いわばゴールであり、到達点を意味する。学校教育は児童・生徒の成長・発達を方向づけていくものであるが、その到達点の一つとして「誠意」「誠実」に該当する観念の修得が設定されている。

2．社会福祉と誠意

(1) 社会福祉と価値

　社会福祉に取り組む人も、必要とする人も同じ人間である。そして、その人間が存在する社会も生活の営みが重なり合いながら構成される人間の集団的構造である。社会福祉は直接的にも間接的にも人間が人間に対してかかわりをもちながら展開される。目的の達成にむけて人間と人間がかかわりをもちながら展開される社会福祉の取り組みにおいて、その両者をつなげ、結びつけるものが価値であろう。社会福祉の価値とは、人間すべての者がかけがえのない存在として尊重され、人間の生き方やあり方、人間の生活や人間社会のあり方を追求し、社会福祉は何のために存在し、何を為すべきなのかという問いをもつ姿勢であり、態度であるといえよう。

　社会福祉の価値は、学問としての社会福祉学の構造においても基盤に据えられる。法則を導き、本質を探るという原理を探究するすべての学問には価値が必要であり、価値のない学問は空虚なものとなってしまう。社会福祉が学問として成り立つうえで、価値は不可欠な要素といえる。

　社会福祉は社会福祉を必要とする人たちに対して、また、その人たちが抱える生活問題を解決していくことにむけて、政策を策定し、法令や制度をつくり、サービスを提供するための経営・管理を行い、援助するという

8）沢井昭男（1981）「学校教育目標に関する実証的研究」『日本教育行政学会年報（第7巻）』日本教育行政学会，185–208.

9）下村哲夫（1994）「学校教育目標の具現化」『学校運営』第一法規出版，25–28.

一連の取り組みを通して展開される。社会福祉学もこのような社会福祉の取り組みを反映して、社会福祉の対象となる要素、社会福祉の取り組みを構成する政策、制度、経営・管理、援助という要素、そして、社会福祉の価値という要素から構造化されるものと考えられる。社会福祉学を構築するこれらの要素のなかで、価値という要素は、社会福祉の取り組みを構成する政策、制度、経営・管理、援助の各要素すべてを貫通する共通基盤となり、前提となるものといえよう。

(2) 社会福祉実践を支える価値としての誠意

　かつて筆者が実施した全国の特別養護老人ホームを対象としたサービス提供上の理念に関する調査[10] では、「愛情」「思いやり」「敬う」などとともに「誠意」「誠実」「誠心誠意」などが多くの施設で掲げられ、サービス事業者が利用者に対してどのような姿勢で臨むのか、その思いや価値観として誠意をもってのあり方が目指されていることをうかがうことができた。

　筆者の社会福祉実践上の経験からもサービス提供上に誠意の観念が価値づけられていることを推察することができる。それは介護保険サービス苦情処理委員としての業務から、苦情申立人の多くに異口同音に「誠意」という言葉が発せられ、誠意が感じられないサービスに対して苦情が申立てられているという共通した背景を認識してのものからである（倉田 2017）[11]。サービス利用者は、サービス提供者に対して誠意を要求し、誠意が感じられない場合、不満を抱き、高じて批判となって向けられる。すなわち、誠意が込められているサービスであるか否かは、利用者からして評価の基準となり、価値となっていることが示唆される。

　誠意が社会福祉実践上に求められるものであることは、これまでにも複数の論者によって言及されている。

---

10) 倉田康路 (1999)「特別養護老人ホームにおけるサービスの『理念』に関する検討　―施設運営計画の分析から―」『介護福祉学（第6号）』日本介護福祉学会、73-80.
11) 倉田康路 (2017)『クオリティを高める福祉サービス』学文社、6-7.

Bland ら（2006）[12] は、ソーシャルワーカーの態度や業務に対する姿勢はクライエントとの関係形成に影響を及ぼすとして、敬意、共感、思いやりと理解、信頼性、避難をしない態度などとともに誠実さをもってクライエントと向きあうことが大切であるとする。

佐藤（2007）は、援助関係において利用者を尊重し、相手の生き方を大切にする人間関係を構築していくためには、援助者と利用者とのお互いの違いを明確にさせることが必要となり、それまでの都合のよい人間関係によって失ってきたものを発見する過程に存在することとなる、その難しい人間関係のなかで「利用者と一生懸命、誠実にかかわることでソーシャルワーカーの専門性が生まれる」[13] とする。

稲沢（2002）[14] は、人が人に対して無力さを共有し、逃げ出さない決意をすることが友人関係や恋人関係、夫婦関係や親子関係、そして援助関係といった位相の違いを超えたレベルにあって人と人との関係性を根底で規定する大きな要素となること、それは人との関係を取り結ぶ際に求められる「誠実さ」とでも呼べるようなものとして考えることができるとする。

同じく稲沢は、「ソーシャルワークの母」とも呼ばれるリッチモンド（Mary E.Richmondo）が援助関係を友人関係に近づけていくことを主張した背景として、「小手先や知識や技術ばかりが肥大化してしまい、人と人との関係であるという基本が忘れ去られていく危険性に気づいていた」[15] なかで援助者に誠意を求めたのではないかとも指摘する。

福山（2018）[16] は、バイステック（Biestek, F.P.）によるソーシャル

---

12) Bland, Robert., Laragy, Carmel., Giles, Ros., & Scott, Virginia (2006) Asking the customer:exploring consumers views in the generation of social work practice standards, Australian Social Work, 59 (1), 35-46.
13) 佐藤俊一（2007）「利用者とソーシャルワーカーの関係　―専門性の基礎を問う」『臨床に必要な人間関係学』（柳澤孝主編）弘文堂，115.
14) 稲沢公一（2002）「援助者は『友人』たりうるのか　―援助関係の非対称性―」『援助するということ』（古川孝順・岩崎晋也・稲沢公一・児島亜紀子）有斐閣，194-195.
15) 稲沢公一（2002）「前掲」14) 195.
16) 福山和女（2018）「ソーシャルワーカーが準ずる原則」『相談援助の理論と方法Ⅰ』（社会福祉士養成講座編集委員会編）中央法規，77.

ワークの原則を踏まえ、援助関係に影響を与えることとなるソーシャルワーク全般において遵守される援助の原則として、個別性の原則、非審判的態度、共感的理解、秘密保持、自己決定などとともに誠実な態度をあげ、「誠実な態度で接し、『秘密は守ります』と述べたワーカーの真摯な姿勢に接し、クライエントは今直面している問題について話してみようという気持ちになる」と述べている。

　社会福祉実践上に誠意の大切さが指摘され、求められてはいるものの、その誠意とは何を意味するのか、具体的に論じられたものはみあたらない。

◀ 第3節　人を支える誠意の探求

1．誠意をめぐる批判

　誠意の観念が、領域を問わず、世間一般の倫理的・道徳的な規律となり人びとに浸透し、社会規範として人と人との関係にかかわる行為を規制する価値となって存在する一方、批判的な意見もみられる。社会規範的な価値として誠意を位置づけ、肯定的に論じる吉田（1998）[17][18][19]は批判的誠意論として主に次のものをあげている（第2章第2節参照）。

　相良（1980[20]、1998[21]）は、ひたすらの心情の純粋性を標榜して誠意を志向する日本人の特殊性を指摘し、単に心が純粋であればよいのか、グローバル化し、さまざまな文化が交わるなかで誠実であることだけで人間関係が成り立つものではないとする。そして、その主観性から、自己の思い込みだけによって方向性づけられる危険性を危惧する。

　同じく矢部（1988）[22]も心情性の強い誠意の弊害を指摘し、国際的にみて普遍性のないものであることを主張する。和を尊ぶ文化としての日本、個を尊重するアメリカという日米の文化の違いから、寡黙にして自己を主張しない日本人と、雄弁性をもって自己を主張するアメリカ人という対照的な相違が生じる。その相違の背景に日本人における誠意の標榜があり、心情性、情緒性の強い誠意のもたらす曖昧性や受動性を批判する。

17）吉田　勇（1998）「『誠意』規範研究の三つの系譜（1）」熊本法学（92号）』熊本大学法学会，69-117.
18）吉田　勇（1998）「『誠意』規範研究の三つの系譜（2）」熊本法学（93号）』熊本大学法学会，1-38.
19）吉田　勇（1998）「『誠意』規範研究の三つの系譜（3）」熊本法学（94号）』熊本大学法学会，85-126.
20）相良　亨（1980）『誠実と日本人』ぺりかん社，135-136.
21）相良　亨（1998）『日本人と出会う』花伝社，211.
22）矢部正秋（1988）『「誠意」の通じない国』日本経済新聞社，全193.

　金山（1989）[23]は、精神文化的な視点から誠意を批判する。わが国において社会の倫理的基盤ともなっている誠意は、誰もが否定できない一種の宗教に近い精神的伝統であるとし、その精神を自らに内在化させるとともに他者に対するかかわりや態度に外在化させ、認められることを意識する。それは技術的に用いられるものであり、職場、地域、社会において人間関係をもつなかでの便宜や利益をもたらすために機能するものとしての意味をもつとする。あわせて、客観的かつ絶対的な基準に欠き、主観的で独善に傾くことのある誠意の弊害性を指摘する。

　これらにあげられる批判的誠意論の論旨は、誠意の性格が心情性、情緒性の高いものであることから主観的なものとなってしまい、曖昧で、独善的になってしまう危険性があるなどとするものであり、国際的な視点から誠意を標榜する日本人の特殊性を指摘するものである。

2．誠意への問い

　誠意とは何を意味するのであろうか。それが本書のテーマに関する原基となる問いである。そして、その誠意を探求することが目的の基盤である。

　誠意の含意は一様のものではなく、多義的である。その多義性からして、単に誠意という言葉からだけでは何が誠意なのかが分かり難いし、具体的ではない。そして、人によって誠意の捉え方が違ってくる。ここに誠意が漠然として曖昧なるものとなってしまい、国際的に通用しない観念であるとの批判がむけられることとなる。

　他方、吉田（1996）[24]は、誠意が人とのかかわりや人間関係を図るうえで大きく影響を及ぼす観念であるうえで、その誠意の含意は関係性によって、また、場面によって異なるものであることを示唆する。つまり、誰の、

23）金山宜夫（1989）『国際感覚と日本人』NHK ブックス，全203.
24）吉田　勇（1996）「社会規範としての『誠意』について」『法社会学（48）』有斐閣，199-203.

誰に対する誠意なのか、その誰と誰は、どのような関係にあるのか、そして、それはどのような状況のなかでの誠意なのかが問われる。さらに誠意は、同じ対象や関係においても時間的な経過のなかで変容することを認識する必要がある。人とのかかわりや人間関係を図るうえで誠意という観念がひとつの軸として貫かれているなかで、その誠意を取りまく人や状況を理解することが重要であろう。

　そこで本書では、誠意の価値を人が人を支える場面と関係性にあてはめ、その誠意とは何かを探究したい。その場面と関係性として、社会福祉の領域、とりわけ社会福祉実践の場面と、同場面にかかわる人と人との関係性をとりあげ、社会福祉学的視点からアプローチする。誠意の観念が、広くわが国の市民社会で受け入れられている社会規範となる価値として存在し、人間関係のなかで重視される価値であることに着目して、人と人とがかかわり、結びつくなかで取り組まれる、人を支えるための価値として位置づける。そして、人を支えるための働きかけである社会福祉実践に作用する価値として設定し、その概念形成を試みるものである（図1「誠意の価値の位置づけ」）。

図1　誠意の価値の位置づけ

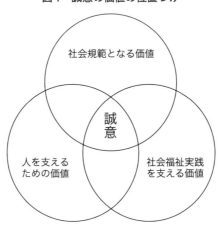

　ここに取りあげる社会福祉の領域における価値について古川（2017）は、「社会福祉のかかわる価値や規範が、人類社会や市民社会における正義、公平、厚生、共生・安全・安心など、人間の存在そのものにかかわって追求されるべき諸問題として討議されるようになっている。そうしたなかで、社会福祉について言及される機会も増加してきている。社会福祉の理念、目的、目標についても、新しい時代状況、社会状況の到来を前提に、このような、より一般的・普遍的な福祉の価値や規範にかかわる議論のなかに一度埋め戻して、改めて彫琢し直さなければならない」[25]とする。誠意の観念も、正義、公平などとともに市民社会において人間そのものにかかわり、追求される普遍的な価値として捉えることができよう。

　先述した誠意の批判からもうかがわれるように、誠意の観念が日本的なる心性として捉えられていることも意識しておきたい。日本的なるものであることがグローバルな社会においてマイナスに作用する側面がある一方、その土地土地で人と人とがつながりながら日々の生活を営む人間にとって、それぞれに生まれ育った国や地域で形成されてきた価値観や文化は大きな影響をもたらすものとなる。かつてより、一番ケ瀬（1963）[26]や孝橋（1962）[27]は、社会福祉実践の課題として欧米で理論化されてきた社会福祉援助方法の日本での応用を指摘し、わが国の土壌に合った展開を要求している。同様に秋山（2016）も「アメリカを中心として形成されてきたソーシャルワークの原理と方法を、日本においてどこまで応用し得るか」[28]として課題を提起する。これらに指摘される課題解決にむけては、日本人の価値観、ものの考え方や感じ方の特性を踏まえ、社会福祉実践の枠組みのなかで検討されることが必要となろう。本書では、援助方法という技術的なものを検討するものではないが、既に述べたとおり、援助は価値を基盤として展開

---

25) 古川孝順（2017）「社会福祉の価値と普遍的価値」『現代社会と福祉』中央法規，33.

26) 一番ケ瀬康子（1963）『アメリカ社会福祉発達史』光生館，1.

27) 孝橋正一（1962）『全訂社会事業の基本問題』ミネルヴァ書房，336.

28) 秋山智久（2016）『社会福祉の思想』ミネルヴァ書房，129.

されるものであり、得られた知見には何らかの示唆が与えられるものと思われる。

注

1) 相良　亨（1958）『日本人の伝統的倫理観』理想社，7-13.
2) 西田知己（2017）「誠実」『日本語と道徳』筑摩書房，134-162.
3) 島津　望（2005）『医療の質と患者満足　―サービス・マーケティング・アプローチ―』千倉書房, 17-19. 浦野正男（2017）「サービスマネジメント」『福祉サービスと経営』中央法規，124-127.

4) 田尾雅夫（2001）『ヒューマン・サービスの経営』白桃書房，6-7．

5) 小河徳恵・佐野涼子・黒岩尚美ほか（2003）「術後患者の回復意欲となる要因」『山梨大学看護学会誌（I-2）』山梨大学，29-33．

6) 多和幼子（2009）「患者に対する誠実性のある態度についての一考察　―態度形成段階の基準を基に事故の態度を分析して―」『神奈川県立保健福祉大学実践教育センター看護教育研究集録（34）』，172-179．

7) 藤原史博・勝原裕美子（2010）「患者に対する看護師の誠意の構造　―インタビューの結果から―」『日本看護管理学会誌（Vol.14　No.2.）』日本看護管理学会，5-14．

8) 沢井昭男（1981）「学校教育目標に関する実証的研究」『日本教育行政学会年報（第7巻）』日本教育行政学会，185-208．

9) 下村哲夫（1994）「学校教育目標の具現化」『学校運営』第一法規出版，25-28．

10) 倉田康路（1999）「特別養護老人ホームにおけるサービスの『理念』に関する検討　―施設運営計画の分析から―」『介護福祉学（第6号）』日本介護福祉学会，73-80．

11) 倉田康路（2017）『クオリティを高める福祉サービス』学文社，6-7．

12) Bland, Robert., Laragy, Carmel., Giles, Ros., & Scott, Virginia（2006）Asking the customer:exploring consumers views in the generation of social work practice standards, Australian Social Work, 59 (1), 35-46.

13) 佐藤俊一（2007）「利用者とソーシャルワーカーの関係　―専門性の基礎を問う」『臨床に必要な人間関係学』（柳澤孝主編）弘文堂，115．

14) 稲沢公一（2002）「援助者は『友人』たりうるのか　―援助関係の非対称性―」『援助するということ』（古川孝順・岩崎晋也・稲沢公一・児島亜紀子）有斐閣，194-195．

15) 稲沢公一（2002）「前掲」14）195．

16) 福山和女（2018）「ソーシャルワーカーが準ずる原則」『相談援助の理論と方法Ｉ』（社会福祉士養成講座編集委員会編）中央法規，77．

17) 吉田　勇（1998）「『誠意』規範研究の三つの系譜（1）」熊本法学（92号）』熊本大学法学会，69-117．

18) 吉田　勇（1998）「『誠意』規範研究の三つの系譜（2）」熊本法学（93号）』熊本大学法学会，1-38．

19) 吉田　勇（1998）「『誠意』規範研究の三つの系譜（3）」熊本法学（94号）』熊本大学法学会，85-126．

20) 相良　亨（1980）『誠実と日本人』ぺりかん社，135-136．

21) 相良　亨（1998）『日本人と出会う』花伝社，211．

22) 矢部正秋（1988）『「誠意」の通じない国』日本経済新聞社，全193．

23) 金山宣夫（1989）『国際感覚と日本人』NHKブックス，全203．

24) 吉田　勇（1996）「社会規範としての『誠意』について」『法社会学（48）』有斐閣，199-203．

25) 古川孝順（2017）「社会福祉の価値と普遍的価値」『現代社会と福祉』中央法規，33．

26) 一番ケ瀬康子（1963）『アメリカ社会福祉発達史』光生館，1．

27) 孝橋正一（1962）『全訂社会事業の基本問題』ミネルヴァ書房，336．

28) 秋山智久（2016）『社会福祉の思想』ミネルヴァ書房，129．

第2章

「誠意」とは何か

◀ 第1節　誠意の含意

1．誠意の基本的概念

　誠意の言葉の一般的な意味として、以下にいくつかの国語辞典から同語についての説明を引用してみることにする。

　私欲を離れ、曲がったところのない心で物事に対する気持ち。まごころ。

『広辞苑』岩波書店，2018 年

　私欲などをまじえずまじめに行おうとする気持ち。まごころ。

『学研現代新国語辞典』学習研究社，2008 年

　私利私欲やよこしまな考えを捨て、相手の立場をくみとって正直な態度で接する心。まごころ。

『日本国語大辞典』小学館，2006 年

　私欲や邪念を捨て、相手の立場をくみとってまじめに物事に対する気持ち。

『小学館日本語大辞典』小学館，2005 年

　ごまかしのない、まじめな心。私欲を離れた正直な気持ち。まごころ。

『明鏡国語辞典』大修館書店，2003 年

　私欲を離れて正直にまじめに物事に対する気持ち。まごころ。

『岩波国語辞典』岩波書店，2000 年

　物事に対して私欲などをまじえずまじめに行おうとする気持ち。まごころ。

『学研国語大辞典』学習研究社，1997 年

　私利私欲のないまじめな気持ち。真心。

『集英社国語辞典』集英社，1993 年

　私利私欲のない正直な気持ち。まじめに物事に対する心。まごころ。

『現代国語辞典』新潮社，1992 年

自分の良心の命じるままに動き、相手の立場などをくみ取ってまじめに事に当たる気持ち。まごころ。

『新明解国語辞典』三省堂，1989年

　これらの主な国語辞典に説明されている誠意の言葉の意味においては、いくつかの単位要素（キーワード）から構成されていることがわかる。ほぼ共通してあげられる単位要素としては、「私利私欲がない」「正直」「まごころ」「まじめ」「相手の立場をくみとる」があげられよう。ここにあげられる単位要素としての言葉の意味として、さらに国語辞典（『広辞苑』岩波書店，2018年）からその意味を調べてみると、「私利私欲（がない）」とは「自分だけの利益や欲望、また、それをむさぼること（がない）」、「正直」とは「こころが正しくすなおなこと。いつわりのないこと。かげひなたのないこと」、「まごころ」とは「誠の心。いつわりのない真実の心」、「まじめ」とは「真剣な態度・顔つき。本気」、「（相手の立場を）くみとる」とは「相手の気持ちや事情をおしはかり理解する。おもいやる」ということになる。

　誠意の言葉の意味に含まれる単位要素としての「私利私欲がない」「正直」「まごころ」「まじめ」「相手の立場をくみとる」のすべてを単純に組み合わせて概念を形成するとすれば、誠意とは「私利私欲をもたず、相手の立場をくみとり、正直に、まごころをもって、まじめに事にあたる気持ち」ということになる。

　また、誠意を構成する単位要素はいくつかの性格的要素に分類されるものと考えられる。それは、①「正直」と「まごころ」は、嘘偽りのないものであること、真実であるということを意味する「純粋性」という性格的要素、②「私利私欲がない」と「相手の立場をくみとる」は、自らを優先させることなく、感情にとらわれず、他者を思いやり、尊重するということを意味する「無私性」という性格的要素、③「まじめ」は、真剣にして、熱心に一生懸命に取り組んでいくさまを意味する「真摯性」という性格的要素である。誠意はこれらにあげられる「純粋性」「無私性」「真摯性」の3つの性格的要素から構造化されるものといえよう（図2　「誠意を構成する性格的要素」）。

図2 「誠意」を構成する性格的要素

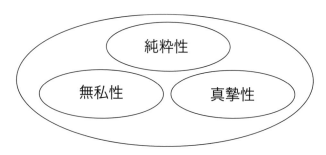

２．誠意概念の形成過程

　誠意の観念は古代から近代に至るまでの長きにわたり流れていく時代背景や人びとの価値観などを吸収して変遷し、形成されていくこととなる。誠意概念の形成過程をまとめたのが図３（「誠意概念の形成過程」）である。

（1）誠意の萌芽　── 古代の「清明」の心 ──

　「誠」と「意」の２つの漢字から組み合わされる「誠意」の言葉において「意」は人の心を表わす漢字であることから、「誠意」とは、誠（誠実）の心を意味するものとして捉えられる。誠意の概念を理解するためには、誠（誠実）の心とは何かを理解する必要があろう。誠（誠実）の心については、わが国において古来より推重され、こんにちに至るまでの長い時代を経るなかで人びとの心に浸透してきたものといえる。誠意の含意に込められる誠の心はどのように変遷しながら形成されてきたのであろうか。

　誠（誠実）の心を尊重し、重視していく傾向は、わが国において古代よりうかがわれ、中世、近世へと受け継がれてきたといわれている。相良（1980）[1] は古代から現代までの誠の心を重視していく変遷過程として、

---

1) 相良　亨（1980）『誠実と日本人』ぺりかん社，138.

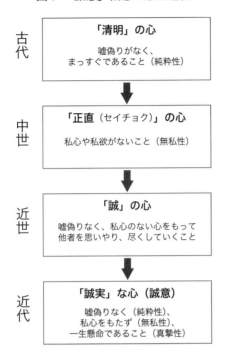

図3　「誠意」概念の形成過程

「清明」の心

嘘偽りがなく、
まっすぐであること（純粋性）

古代

「正直（セイチョク）」の心

私心や私欲がないこと（無私性）

中世

「誠」の心

嘘偽りなく、私心のない心をもって
他者を思いやり、尽くしていくこと

近世

「誠実」な心（誠意）

嘘偽りなく（純粋性）、
私心をもたず（無私性）、
一生懸命であること（真摯性）

近代

その起点として古代における清明の心（清き明（アカ）き心）の尊重、そして、中世における正直（セイチョク）の尊重をあげ、これらの心性の尊重を経て近世において誠の心が重視されるようになったと指摘する。うち清明の心と正直の心については次のように説明されている。清明とは、底までも透いて見える清流のごとく、隠しへだてすることのない、つまり、私のない透明な心をいったものである。中世では、この清明心の伝統を受け継いで「正直の心」が尊重された。それは一点の塵もなく、ふき清められた鏡のような心である。このように「清き明き心」より「正直の心」へと伝えられた思想は近世において、さらに「誠」の重視として受け継がれた（相良 1998）[2]。

2）相良　亨（1998）『日本人の心と出会う』花伝社，208-209.

清明の心について梶田（2009）[3] も同様に、偽りのない心、隠し事のない心（「明き心」）、そのままの心、まっすぐな心（「直き心」）として古代より尊重され（神典として崇められた『古事記』や『日本書紀』のなかで「心の清く明き」などとして表記）、こんにち、裏表がなく、純粋で、ひたむきで、すべてに真正面から向きあう心として継承されていると指摘している。ここにあげられている清明の心とは、誠意の概念の性格的要素の一つとしての心情の純粋性に該当するものといえよう。

(2) 誠意の基盤形成　── 中世の「正直（セイチョク）」の心 ──

中世にみられる「正直の心」について、相良（1984）[4] は中世において正直は臣下に要請される心の持ち方として掲げられ、やがて社会一般の基本的な徳目とされ、特に神道において重視されることになるとし、同時代における正直の理解を端的に示すものとして『神皇正統記』の三種の神器の一つである鏡を説明する次の文章をあげている。「鏡は一物をたくはへず、私の心なくして、万象をてらすに是非善悪のすがたあらはれずと云ことなし。其すがたにしたがひて感心するを徳となす。これ正直の本源なり」。すなわち、正直とは、根本において私のない心、同時に無私なるがゆえに状況において是非善悪をあきらかに捉える心、さらに捉えた是非善悪に即して行動する心とされる。

西田（2017）[5] も中世の時代、善良な心を具体化したもののうち主要な一語として「正直」をあげ、神への意識を背景とした公正さや、私心のなさをあらわす言葉として神道的な文脈で語られ、神仏の教えに忠実であることがひとつの眼目となっていたと指摘している。これらの説明からも理解できるように、中世の正直（セイチョク）はこんにちに意味づけられる正直（ショウジキ）とは相違し、後年の神仏習合を経て神道のセイチョクから仏教語的なショウジキへと転化するものとなっている。こんにちに用

3) 梶田叡一（2009）『日本の感性　和魂ルネッサンス』あるとろ出版，48-57.
4) 相良　亨（1984）『日本人の心』東京大学出版社，77-80.
5) 西田知己（2017）『日本語と道徳』筑摩書房，60-61.

いられるショウジキの場合、例えば、正直者とは真実の人とか、嘘をつかない人という意味に理解されるが、セイチョクの意味を用いて正直者を理解すると私心や私欲のない人というとなる。正直（セイチョク）の心は、私心や私欲のない生き方を尊ぶ心であり、誠意の概念の性格的要素の一つにあげられる無私性に該当するものといえよう。

(3) 誠意への拡幅化　── 近世の「誠」の心 ──

　古代の「清明の心」、中世の「正直の心」をベースとして近世において「誠の心」が注目され、重視されていくことになる。誠の思想は、孔子を始祖として思考・信仰される儒教で重視された概念であるといわれている。誠意の起源は儒教の経書であり、四書のひとつとされる『大学』や『中庸』にあるとされ、そこには「終身、正心、致知、格物」とともに「誠意」が説かれている（鍾 2002）[6]。「儒家は誠を重んじ、意（意志、思うこと）が誠であれば、心を正し、身を修めることができるが、誠でなければ一切は空洞にひとしい」とされる（鍾 2002）[7]。

　わが国における儒教の歴史は4世紀頃に帰化人が『論語』を導入したことに始まるとされ、7世紀に聖徳太子が公布した十七条の憲法にも影響されているともいわれており、同憲法第9条で「信是義本、毎事有信」（まことは人の道の根本である。何事をなすにもまごころをもってすべきである）と説かれている（矢部 1988）[8]。このように「誠の心」が中国の儒教を基盤にわが国において重んじられるようになるわけであるが、武内（1943）[9] は、本家である中国における儒教では「誠」を思想の骨格に据えた思想体系にはなっておらず、中国の儒教の影響を強くうけた近世の日本において「誠」を思想体系の一番の基礎に据えた儒学が生まれたと指摘する。すなわち、「誠」を中心とする儒学は中国にはなく、近世の日本に

---

6) 鍾　清漢（2002）「儒家思想と道徳教育」『川村学園女子大学研究紀要（第13巻）』川村女子大学，83-104.
7) 鍾　清漢（2002）「前掲」6) 96.
8) 矢部正秋（1988）『「誠意」の通じない国』日本経済新聞社，19-23.
9) 武内義雄（1943）「日本の儒教」『易と中庸の研究』岩波書店，308-328.

始めて生まれた。このことから、「誠」重視の儒学はわが国の特色ともいえよう。相良（1984）[10]は「誠中心の儒学の誕生は、日本人が、いかに誠という概念のもつ内容に共感があったということを示している。それは、近世の日本人の伝統的な素地が誠を選ばせたのである」とも述べている。

「誠」重視の儒学を説き、広めていく江戸時代前期の儒学者として、相良（1984）[11]や武内（1943）[12]は山鹿素行、伊藤仁斎をあげている。この二人のうち時代的に先行する山鹿素行により誠重視の儒教が始めて説かれ、続く伊藤仁斎によって強力に推し進められていくことになる。山鹿素行は「已むを得ざる（抑えようとしも抑えがたいもの）これを誠と謂う」とし、内から自然に湧き出てくるもの（情）が誠であり、この情を尽くすことが誠であり、倫理の根本であると説き、また、伊藤仁斎は誠に同じ意味をもつ「忠信」（「忠」も「信」もマコト）という言葉を用いて、人と接する場合、事を成す場合、欺かず、偽らず、心から他者のためによかれと心を尽くして生きていくことが実践倫理の根本であると説いている。この二人の説く誠の倫理観には、清明の心にみられる純粋性と正直（セイチョク）の心にみられる無私性を交え、他者にむけてその心を尽くしていくことが誠であるとして「情」との結びつきが認められる。誠の倫理は人間関係における他者とかかわりや向きあい方に求められるものとなる。伊藤仁斎は町人社会出身の儒学者であることからも、誠重視の傾向は儒教が江戸時代の社会のより広い層に浸透し、日本人の倫理観の伝統的な傾向を反映していくことになる。

江戸時代後期になり、誠重視の傾向は最も高まっていくことになる。誠が向けられる対象は家族、親族、地域社会、さらには藩や国家にも範囲を広げ、その機能も内に秘めた「思い」のレベルから行動によって外にむけて具体化していくレベルへと発展していく。幕末の新選組の旗印に「至誠」の二文字が書かれていたのは有名であり、志士たちの行動は内と外を一致

10）相良　亨『前掲』4）81.

11）相良　亨『前掲』4）80-88.

12）武内義雄『前掲』9）308-328.

させ、信念を貫くことが誠を尽くすこととして理解されたとものといえよう。この時代、誠の思想に大きく影響を及ぼした一人として吉田松陰があげられている（相良 1980[13]，武内 1943[14]，西田 2017[15]）。

　松陰は『将及始言』に至誠を説き、「実」「一」「久」の3つからなる至誠を説いている。「実」「一」「久」について「『実』については『実とは虚の反対』とあり、対外的な危機を直視しつつ『虚』つまり机上の空論ではない具体的な対策を講じることが大切だという。『一』とは一貫した姿勢で臨むことをあらわし、『久』とは長期的な展望をもって取り組むことに相当する」（西田 2017）[16]。松陰の説く至誠に込められる誠の心は、極めて能動的で、実践的な機能を有するモラルとしての意味をもつ。さらに松陰は至誠を強調するとともに「情」を尊び、誠の心と結びつけていく（相良 1984）[17]。松陰が開いた松下村塾から明治維新をリードする政治家たちが排出されたことは有名であり、これらの政治家たちの思想形成の基盤になったものとも思われる。

　中世の「正直な心」の志向から近世の「誠の心」の志向へと移行することの理解として西田（2017）[18] は、江戸時代に入り、誠の心が注目され、重んじられたのは正直の従順すぎる側面が浮き彫りになり、正直に代わる理想的な人間像が求められたからであると指摘している。指摘されるところの意味としては、正直（セイチョク）に込められる私心や私欲のない生き方においは自らの意思が軽視され、主体性が確保されない受動的なものとなってしまう傾向をもたらし、より主体性や能動性が求められ、価値づけられた心性としての誠の心が重視されていくとして理解できる。山鹿素行が説くように心の中から自然に湧き出てくるものが誠であるということ、伊藤仁斎が説くように真実に生きることが誠であること、そして、吉田松

---

13)　相良　亨『前掲』1) 177-179.
14)　武内義雄『前掲』9) 308-328.
15)　西田知己『前掲』5) 150-155.
16)　西田知己『前掲』5) 152.
17)　相良　亨『前掲』4) 88-94.
18)　西田知己『前掲』5) 134-135.

陰が説くように内（こころ）と外（行動）を一致させ、現実のものとして取り組み、実現していくことが誠であるということは、誠の心における主体性や能動性が強調された特性をあらわしている。さらに誠の心は、松陰の重んじる「情」との結びつきのなかで他者への情の純化が付加され、こころのあたたかさの標榜につながっていく。このようなことから、誠の心は、清明の心に込められる純粋性、正直の心に込められる無私性を受け継ぐなかで、これらの心性を自らの意思のもとに、自らに対して、また、他者に対して、行為、かかわり、生き方において反映させていくものといえよう。

(4) 誠意の結実　̶ 近代の「誠実」な心 ̶

　近世の「誠」や「至誠」に表わされる誠の心は、近代に入り「誠実」なる心としての「誠意」となって結実し、こんにちに至る。「誠実」は明治以降になると盛んに用いられ、強調さるようになったとされる。例えば、スマイルズの『自助論』を翻訳した『西国立志編』、柳田国男の説話集『遠野物語』、アメリカの文化人類学者ルーズ・ベネディクトがまとめた日本人論としての『菊と刀』などでは登場人物として、また、日本人の特性として「誠実」が取りあげられ論じられている。西田（2017）[19] は明治以降に形成された「誠実」の精神について「私心のなさをあらわす『誠』の本来的な弱点を『実』が補おうとした形とも考えられる。その場合の『実』は自然科学を主体とした『実学』の『実』より意味合いが一回りも二回りも広く、松陰が『将及私言』で誠の第一条件に掲げていたような実用的、実践的な実に近い。いずれにしても『誠実』の語を構成している『誠』と『実』は、その昔ともにマコトと読まれた類語同士ではなく、一語の中で静と動の役割分担が成り立っているように思われる」と述べている。

　「誠実な人」と評される人物像にマイナスのイメージを抱く人はいないであろう。それは好感度をもって評価される意味を含んだ形容といえる。

---

19) 西田知己『前掲』5）155.

「誠実な人」の意味する人物像には、「誠」に込められる純粋性や無私性、あるいは他者理解などに加えて、真面目、勤勉など先述した「誠意」の基本的概念のなかに構成される真摯性を含む性格があらわされているものといえよう。「誠意」とともに「誠実」は、「正直」や「誠」の言葉の意味するものにさまざまな要素が加味され、現在のような厚みのある意味をなし、用いられるようになったものと考えられる。先のとおり、「誠意」は「誠」の「意」（こころ、気持ち、おもい）ということになるが、こんにちに意味づけられる「誠意」の「誠」は「誠実」な心意（おもい）として理解されよう。文法上に「誠意」は名詞、誠実は形容詞（形容動詞）という違いはあるが、その意味においては共通するものである。

　ここでこれまでに述べてきた誠意の形成についてまとめておくことにしたい。

① 「誠意」という語そのものの起源は儒教の経書であり、四書のひとつとされる『大学』や『中庸』にあるとされ、「終身、正心、致知、格物」とともに「誠意」が説かれている。

② 「誠意」という語の意味をなす基盤となる心性として、古代における「清明」の心、中世における「正直（セイチョク）」の心、近世における「誠」の心があげられる。

③ 「清明」の心とは、嘘偽りのない心、そのままの心、まっすぐな心を意味し、純粋性をあらわし、「正直（セイチョク）」の心とは、私心や私欲のない心であり、無私性をあらわす。また、「誠」の心とは、純粋性、無私性をもって、他者に対する情の念をもちながら自らの意思のもとに主体的に生きていく心といえよう。

④ 「誠」の心は中国の儒教を基盤にわが国で重んじられるようになるが、「誠」を中心とする儒学は中国にはなく、近世の日本に始めて生まれた。「誠」重視の儒学はわが国の特色ともいえ、日本人が、いかに「誠」という概念のもつ内容に共感があったということを示している。

⑤ 「清明」の心、「正直（セイチョク）」の心、「誠」の心が積みあげら

れていくなかで近代に入り「誠実」が用いられ、こんにちに形成される誠実なる心としての意味をもつ「誠意」となって結実する。「誠実」は、純粋性、無私性に加えて、真面目など真摯性を含む要素をもって構成される心性をあらわす。

◀ 第２節　誠意の諸相

　「誠意」「誠実」なる言葉を掲げ、人間としての生き方や人とのかかわり方などがまとめられた著作は多くにみうけられるが、「誠意」「誠実」そのものを取りあげ、論じものは極めて少ない。そのなかで吉田 (1998) [20][21][22] は、相良、矢部、金山の誠意に対する批判的評論を取りあげたうえで自らの誠意論を提起する。ここに吉田の論説を参考としながら主な論者による賛否を交えた誠意論を通して、誠意に対する捉え方についてまとめておくこととしたい。

１．心情的側面

　「誠意」の心情的側面に着目し、批判的に論及しているのが相良 (1980 [23] 1998 [24]) や矢部 (1988) [25] である。両氏の「誠意」にむけられる眼目と主張についてこれまでに発表されている著作に基づいてまとめてみると次のようである。

　相良の眼目は、誠意の特性としての心情性・情緒性における主観性の批判であるといえる。誠意（誠実）のもつ心情性的側面についての疑問と批判について氏は具体的に次のように述べている。「ひたすらの心情の純粋性の標榜は世界にも例がなく、多くは則るべき何らかの客観的規範を問題にしている。日本人の場合は、ただ心情が純粋であるかどうかを問うもの

---

20) 吉田　勇 (1998)「『誠意』規範研究の三つの系譜 (1)」熊本法学 (92号)』熊本大学法学会，69-117.
21) 吉田　勇 (1998)「『誠意』規範研究の三つの系譜 (2)」熊本法学 (93号)』熊本大学法学会，1-38.
22) 吉田　勇 (1998)「『誠意』規範研究の三つの系譜 (3)」熊本法学 (94号)』熊本大学法学会，85-126.
23) 相良　亨『前掲』1) 全215.
24) 相良　亨『前掲』2) 全250.
25) 矢部正秋『前掲』8) 全193.

であって、極めて特殊である。…ただ心が純粋であればそれでよいのであ
ろうか。純粋はいわば共通の文化の暗暗裏に前提にするもので、異文化の
人びととの交わりにおいては、また国内においてもさまざまな文化的な断層
の生まれつつある今日においては、誠心誠意、誠実といっただけで人間
関係が成り立つとは思えない」(相良 1998)[26]。さらに「私がいいたいの
は日本人が標榜してきた『誠実』というのは主観的であって、したがって、
具体的にはいかなる行為をも『誠実』の名において行うことになるという
ことである。『誠実』は自分が『誠実』だと思い込むことにおいて、何を
しでかすかわからないという危険性をもっているということである。こ
の意味において『誠実』には方向性がなく歯止めがないのである」(相良
1980)[27]。

　相良によれば、誠意(誠実)につながる「誠」の考え方は、元来「誠」
は天に通じ、人を動かし、和を実現するという楽観論に基づいている。こ
の楽観論は自己と他者を隔絶し、自己のみの心情の絶対視により「誠」が
成り立つことになる。すなわち、自己のなかで誠実でありさえすれば他者
がどうであろうと許されるという主観性に基づく。相良はこれを「自己
の心情への誠実」と呼び、わが国の伝統として長年にわたり育まれてきた
とする。「自己の心情への誠実」とは、自分自身への誠実、自分が自分で
思っている誠実、もっといえば独り善がりの誠意といってもいいであろう。
そのような相良の主張する客観的規範性のない誠実は「和」を尊ぶわが国
のモラルとして根付いていくことになる。

　誠意(誠実)の心情的側面に関しての批判は矢部(1988)[28]にも共通する。
矢部は、わが国と米におけるそれぞれの思考の特徴をあらわす言葉として、
わが国の「誠意」と米の「fairness」を取りあげ、比較しながら論及して
いる。「日本流の『誠意』は実は極めて特殊な概念であり普遍性を持たな
いのだが、日本人はこれが普遍的に通用すると思い込んでいる。日米摩擦

---

26) 相良　亨『前掲』2) 211.
27) 相良　亨『前掲』1) 135-136.
28) 矢部正秋『前掲』8) 全193.

が危機的状態に至っても『誠意』をもって対応すれば道は拓けるとばかり
に楽観主義に浸っている。それはもう『誠意シンドローム』とでも言う他
はない。日米、日欧経済摩擦を通じ『日本的誠意』が実際に役立ったため
しはない。むしろ状況を悪化させ、誤解を増幅し、アメリカを苛立たせる
だけの結果に終わっている。日本人はいつも『誠意』という色めがねをか
けて物事を見ていることを自覚しなければならない」（矢部　1988）[29] と
の問題意識を示したうえで、日米の文化の違いについて自己と他者との間
に明確な境界がない文化（日）と自己と他者との間に明解な境界線を引く
文化（米）、集団の和を尊重する文化（日）と個を主張する文化（米）、端
的に話すこと、雄弁に語ることが好まれない文化（日）と単刀直入に話す
こと、雄弁に語ることが求められる文化（米）、自己主張の強い人間を嫌
う文化（日）と自己を主張しない人間が軽視される文化（米）などの例を
あげ、両国の対照的な相違の背景にこれらを包括するキーワードとして「誠
意」（日）と「fairness」（米）をあてはめ、心情性、情緒性の強い誠意の
もたらす曖昧性、受動性を批判する。

　そして、「日本はその長い歴史と伝統に育まれた『誠意』という防衛的
コンセプトを後世大事にし、アメリカは超大国としての自信に裏打ちされ
た『フェアネス』という攻撃的コンセプトを振りかざす。ただ残念ながら、
日本流の『誠意』は『フェアネス』に比べて国際社会での普遍性に欠ける
ことは否めないのが現実である」（矢部　1988）[30] とし、国際化にむけて
の日本人の課題として「誠意」の超克を求める。

2．社会規範的側面

　誠意には心情的な思いを表現するばかりではなく、周囲の第三者が関与
しているという意味における社会的規範の側面を有していると指摘するの

29）矢部正秋『前掲』8）16-17.
30）矢部正秋『前掲』8）192.

が吉田（1996）[31]である。社会的規範とは、社会の構成員に理解・共有された、場合によっては法的な強制力を伴うルールや基準であり（Cialdini & Trost, 1998）[32]、私たちが社会生活を営むうえで要求されているものであるといえる。すなわち、当事者間だけでの捉え方ではなく、社会一般的に求められる規律といえる。

　吉田は、社会的規範が機能する場面として特に加害者と被害者の紛争・交渉過程をあげ、同場面に該当するいくつかの紛争事例や訴訟などを通して誠意の社会規範的性格について論じている。それは例えば、紛争・交渉場面で被害者は加害者に対して「誠意を示せ」とか「誠意がない」という非難をするケースから、その非難は単に心情的非難に過ぎないものといえるかといえば否であり、心情の表現には還元できない社会的規範としての働きがみられるとする。すなわち、被害者の加害者に対する心情や加害者と被害者の相互関係に加えて共同的な次元に妥当性が認められることをもって「誠意がない」と非難したり、「誠意ある対応」を要求するものである。

　加害者と被害者の賠償交渉の場面に意味づけられる誠意について吉田は次のように説明している。「まず第一に『誠意』の内容は、被害者と加害者によって相互に相手に向けて主観的に意味づけられている。しかも当事者による意味づけは、相手方の態度との相関で、しかも交渉の段階の違いによって多様である。第二に、このような主観的な意味づけは関係性のなかで相互に確認される。『誠意』の内容には、相手に向けた自己表出という契機とそれが相手から認識・評価されるという契機がある。そして第三に、交渉当事者の『誠意ある対応』は一定の打倒範囲（共同性）において第三者からの制裁と支援によって保障されている。以上三つの要素がみられる限りにおいて『誠意ある対応』は社会規範性を有するということがで

31）吉田　勇（1996）「社会規範としての『誠意』について」『法社会学（48）』有斐閣, 199–203.

32）Cialdini, R.B. and Trost, M.R. (1998) Social Influence:Social Norms, Conformity and Compliance, Gilbert, D., Fiske, S.T. and Lindzey, G. eds. The Handbook of Social Psychology, Oxford University Press, 151–92.

きる」（吉田　1997）[33]。つまり、加害者と被害者の交渉過程において作用する誠意については3つの含意があり、第1に加害者においては「誠意ある対応」を行おうとする自己了解、被害者においては加害者に対して「誠意ある対応」をしてくれるという主観的期待があるということ（主観的相互性）、第2に「誠意ある対応」は加害者と被害者相互の関係性のなかで認知・評価されることから加害者は被害者に対して「誠意ある対応」を心から表出し、被害者から評価されなければならないということ（関係性）、そして、第3に周囲の第三者の社会的反応である（社会規範性）。社会的反応によっては交渉当事者の「誠意なき対応」に対して制裁や非難が生じる場合や「誠意ある対応」に対する支援や共感が生じる場合もある。このことから当事者は社会的反応を意識したうえで行動、判断することになる。主観的相互性と関係性については心情的側面にかかわる誠意といえるが、第三者の社会的反応については当事者間の心情的側面にはかかわるものではない。ここに誠意の社会的規範性が認められ、吉田は誠意の性格的局面として心情的局面とともに社会規範的局面の2つの局面から構造化されるとしている。

3．精神文化的側面

　「誠意」を精神文化的な視点から取りあげ、その特殊性を指摘しているのが金山（1989）[34]である。金山は、わが国の近代化社会を築きあげた精神的な力として人間関係における誠実性をあげ、近代化を加速する要因としての誠実は伝統的要素であるが促進的な作用をもって生産、役割演技、権力行使、正当化、組織化といった重要な社会的行為の背後からあらゆる場面に積極的な効果をもたらしているとする。そして、その誠実なるもの

33）吉田　勇（1997）「社会的な交渉規範の一断面（1）―『誠意』規範の内容とその機能―」『熊本法学（89号）』，221.
34）金山宣夫（1989）『国際感覚と日本人』NHKブックス，全203.

の精神性は自分の他人への印象づけ、自己卑下、他人への是認や賞賛、感謝、競争、反抗などのスタイルが決められ、定型化されるものとなっているとする。精神的要素である誠実は、わが国において社会の倫理の基盤となっており、誰もが否定することができない一種の宗教に近い精神的伝統であるとし、氏はそれを「マコト主義」とも名づけている。

　マコト主義にあげられる「マコト」について金山は次のように述べている。「人生や人間関係にたいする誠実であり、役割に最善を尽くしてあたるということである。どんな困難な仕事でも、それにたいして一意専心、全力投球して、能力の極限に迫る。一つの同じ利益を他人に提供するにしても、それを非互酬的に、つまり返礼を期待せず、また反復的に提供すると信じられるに足る形をとる。それによって、他人から承認、共感、尊敬を得ることができるというものであり、また、そのために操作的技巧として用いられるというものでもある」[35]。さらにマコトとは、宗教や営利に共通して「つねに何かを求めている人間が、求めて与えられるためにとる態度である」（金山 1989）[36] とも述べている。

　ここで述べられているマコトの特徴として、真面目に一生懸命になって最善を尽くそうとするマコトの精神を自らに内在化させるとともに、人間関係や他者に対するかかわりや態度において外在化させ、表出し、そのことが他者から認められるものであるということ、さらには、外在化されるマコトは、求めて与えられるために技術的に用いられるものであるとして捉えられていることであろう。外在化されるマコトとは、すなわち、生きていくうえで、また、職場、地域、社会においてさまざまな人間関係をもつなかで便宜や利益をもたらすために機能する現世利益の追求という意味が込められる。あわせて金山は、客観的かつ絶対的な基準に欠き、主観的で独善に傾くこともあるマコト主義の弊害を指摘している。

35）金山宜夫『前掲』34) 24.
36）金山宜夫『前掲』34) 31.

４．誠意の特性

　それぞれの側面から見つめられ、主張される論者の誠意論を踏まえたうえで、誠意について何がいえるのであろうか。

　一つめには、誠意概念の形成過程からもわかるように、誠意はわが国において古代より現代まで長年にわたり培われてきた思想系譜として形成された伝統的思想であるという実績があげられよう。そのことは即ち、誠意や誠意につながる思想がいかに日本という風土や日本人に受け入れられたものであったかという証左であるもといえる。いずれの論者の誠意論もそのことを前提として論及されている。まずここに誠実（誠意）という思想の実績の重みを認めたい。

　同時に、誠意は最初からこんにちに意味づけされる誠意ではなく、すなわち、純粋性、無私性、真摯性という要素から構成される含意をもたず、流れていく時代の背景や人びとの価値観などを吸収して「清明」「正直」「誠」へと変遷し、含意が肉付けされていくなかで形成されてきたものであることを看過してはならない。つまり、誠意はその思想の根源となる「清明」「正直」「誠」の含意を蓄積しながら時代とともに変容してきたのである。いわば日本人が作りあげてきた誠意ともいえるのではないだろうか。これまでに変容し、形成されてきた誠意という意味においては、今後もその意味は今のままである保証はなく、変化していくことも想定しておかなければならない。

　二つめには、一つめにあげた長年にわたり受け入れられてきた思想である誠意であるが故に、誠意は観念としての「ものの考え」に止まらず、人びとの守り行うべき道や善悪を判別する「倫理」として、行動や判断の基準となる「規範」として、物事を評価するときの基準となる「価値」となって指針を示すものの一つとなっているということである。そして、その「倫理」「規範」「価値」となる誠意は、わが国においては個人の生きかたやものの考え方というレベルだけではなく、家庭、職場、地域など集団、組織、社会のレベルで受け入れられ、普遍化されていくこととなる。すな

わち、相良や矢部が指摘する心情性、主観性の誠意という側面だけではなく、吉田が指摘するところの第三者の介在する社会的反応が現れる社会規範的側面をもつ誠意の特性が認められる。

　三つめには、いずれの誠意論にも共通する誠意の思想のわが国における独自性があげられる。先にも述べたように時代とともに変容してきた誠意ではあるものの、純粋性など根源となる心性は一貫として継承され、わが国独自の思想として、個人に、社会に浸透している。純粋性だけが誠意を構成する要素ではないが、ひたすらな心情の純粋性の標榜は世界にも例がないともいわれている（相良 1984）[37]。

　誠意という言葉を英訳した場合、「sincerity」や「fairness」があてられたりするが、一部にその意味をあてはめることはできるが、そのすべての意味をあてはめることはできない。ドイツ語に翻訳した時に使われる「wahrhafigkeit」の場合も同じである。文化人類学者のルーズ・ベネディクトがまとめた日本人論『菊と刀』には英語の「sincerity」と「誠実」の違いについての考察があり、自己の感情や信念に忠実であるのが「sincerity」であり、社会道徳や人間関係に忠実なのが「誠実」であるとする（ルーズ・ベネディクト・長谷川 2005）[38]。ちなみに英語の「sincerity」については 16 世紀初めに登場し、欧米の国々の文化に強く影響しながら近代自我の確立をもたらし、やがて衰退していくことが英文学者ライオネル・トリリングの著『〈誠実〉と〈ほんもの〉』（野島訳 1989）[39] に述べられている。「sincerity」という観念は欧米諸国において重要な観念であり、「（この sincerity という）観念がなかったら、近代の文学・芸術は成立し得べくもなかったろう、文学・芸術にかぎらぬ、一切の社会変革の歴史もまたなかったろう」[40] とされている。

37）相良　亨『前掲』4）73-104.

38）ルーズ・ベネディクト：長谷川松治訳（2005）『菊と刀』講談社学術文庫，198.

39）ライオネル・トリリング：野島秀勝訳（1989）『〈誠実〉と〈ほんもの〉』（1989）法政大学出版局，23-41.

40）ライオネル・トリリング：野島秀勝訳『前掲』39）250.

　「sincerity」の観念が欧米諸国において一定の影響を及ぼしたものであるとすれば、純粋性の追求はわが国固有の価値とはいえないのかもしれない。ここで重要なのはルーズ・ベネディクトの指摘するところの「誠実」と「sincerity」の語における共通性と相違性である。すなわち、共通性としてあげられる純粋性の追求と相違性としての純粋性の方向性の違いである。「sincerity」の場合、純粋性は自己のみに向けられ、自己にあくまでも忠実であることを意味し、対して「誠実」の場合の純粋性は他者とのかかわりや社会とのかかわりのなかで自己に忠実であることを意味する。

　日本人は和を重んじ、情けを重んじ、もののあわれを知ることを重んじる。すなわち日本人は人間関係を重んじる民族といえよう。これらの観念を重んじる背景に日本人の宇宙観や自然観が反映しているものとも考えられる。それは、端的にいえば宇宙と自然と人間を結びつけ理解するということである。人間は、広く宇宙のうえで、自然と共存しながら生きている。人は個として存在し、生きているのではなく、人を含めさまざまな生きとし生けるものとともに存在し、生きているという日本人の捉え方が誠実につながる観念を生み出し、継承されてきたものと思われる。

　四つめには、三つめにも関連して誠意という観念が特に人とのかかわりや人間関係のうえで重視され、観念の具体化が展開されているということである。いずれの論者も共通してそのことを指摘している。人とのかかわりや人間関係を具体化し、展開する場面は人間社会においてはそのすべてに該当するものといえよう。身近には家庭での家族関係、その延長としての親族関係、プライベートの関係においては友人や知人との関係、地域における近隣関係、フォーマルな関係としては職場での関係やそのなかでの同僚との関係や上司との関係、さらには顧客との関係など私たちはさまざまな人とのかかわりや人間関係をインフォーマルやフォーマルのなかでももちながら生きている。誠意は、そのすべてにあてはまる人とのかかわりや人間関係において意識化されている観念といえよう。

　このように誠意が人とのかかわりや人間関係を図るうえで大きく影響を及ぼす観念であるうえで、その誠意の含意は一様のものではなく、関係性

によって、また、場面によって異なるものであることを吉田は示唆している。つまり、誰の誰に対する誠意なのか、その誰と誰はどのような関係にあるのか、そして、それはどのような状況のなかでの誠意なのかが問われる。さらに誠意は、同じ対象や関係においても時間的な経過のなかで変容するものであることを認識しておかなければならない。人とのかかわりや人間関係を図るうえで誠意という観念がひとつの軸として貫かれているなかで、その誠意を取りまく人や状況を理解することが次にあげる誠意の問題として指摘される主観性を軽減していくことにつながるものとも思われる。

　その五つめとして、誠意の特性である心情性における主観性に対する評価があげられる。相良、矢部、金山ともに主観性への批判が誠意をネガティブに捉える最大の根拠になっているように思われる。確かに誠意の多義性からして単に誠意という言葉からだけでは何が誠意なのかが分かり難いし、具体的ではない。人によって誠意の捉え方が違ってくることもそのとおりである。ここに外国人などから誤解を招き、世界に通用しない観念であるとの批判がむけられることとなる。また、独り善がりの誠意に陥ってしまう危険性が指摘されることとなる。

　このような誠意の主観性を考えるとき、三つめにあげた誠意の方向性のことと、四つめにあげた誠意を取りまく人や状況のことを理解しておくことが重要であろう。ここでいう誠意の方向性とは、誠意を構成する純粋性という要素が、主に誰にむけられているものであるかということである。それは、自己にむけられた純粋性であるのか、他者にむけられた純粋性であるのかによって主観性の程度は異なってくるはずである。自己にむけられた純粋性とは、換言すればルーズ・ベネディクトのいうただひたすらに自己の感情や信念に忠実であるとする「sincerity」の観念とほぼ同義として捉えられ、自己のなかで完結するものである。対して他者にむけられる純粋性とは、同じくルーズ・ベネディクトが述べている他者とのかかわりや社会とのかかわりのなかで自己に忠実であることを意味する。誠意の意味する純粋性を自己のなかで完結する純粋性と理解するのか、他者や社

会とのかかわりのなかで自己に求める純粋性と理解するのかによって、伴う主観性の評価は異なってくるだろう。先述のとおり誠意の含意は後者の理解となる。

　また、誠意を取りまく人や状況の違い、つまり、誰の誰に対する誠意なのか、その誰と誰とはどのような関係にあるのか、それはどのような状況のなかでの誠意なのかによって主観性の要素が含まれる程度は違ってこようし、誠意の示し方や受け止め方も異なってこよう。家族や知人・友人間でのプライベートの関係上での誠意においては主観性が含まれやすく、また、許容される傾向があろうし、他方、職場などフォーマルな場面での従業者間や従業者と顧客などとの関係上での誠意において主観性は低減し、他者を意識し、社会とのかかわりのなかであらわされるものとなろう。

注
1) 相良　亨（1980）『誠実と日本人』ぺりかん社，138.
2) 相良　亨（1998）『日本人の心と出会う』花伝社，208-209.
3) 梶田叡一（2009）『日本の感性　和魂ルネッサンス』あるとろ出版，48-57.
4) 相良　亨（1984）『日本人の心』東京大学出版社，77-80.
5) 西田知己（2017）『日本語と道徳』筑摩書房，60-61.
6) 鍾　清漢（2002）「儒家思想と道徳教育」『川村学園女子大学研究紀要（第13巻）』
　　川村女子大学，83-104.

7) 鍾　清漢 (2002)「前掲」6) 96.

8) 矢部正秋 (1988)『「誠意」の通じない国』日本経済新聞社, 19-23.

9) 武内義雄 (1943)「日本の儒教」『易と中庸の研究』岩波書店, 308-328.

10) 相良　亨『前掲』4) 81.

11) 相良　亨『前掲』4) 80-88.

12) 武内義雄『前掲』9) 308-328.

13) 相良　亨『前掲』1) 177-179.

14) 武内義雄『前掲』9) 308-328.

15) 西田知己『前掲』5) 150-155.

16) 西田知己『前掲』5) 152.

17) 相良　亨『前掲』4) 88-94.

18) 西田知己『前掲』5) 134-135.

19) 西田知己『前掲』5) 155.

20) 吉田　勇 (1998)「『誠意』規範研究の三つの系譜 (1)」熊本法学 (92 号)』熊本
大学法学会, 69-117.

21) 吉田　勇 (1998)「『誠意』規範研究の三つの系譜 (2)」熊本法学 (93 号)』熊本
大学法学会, 1-38.

22) 吉田　勇 (1998)「『誠意』規範研究の三つの系譜 (3)」熊本法学 (94 号)』熊本
大学法学会, 85-126.

23) 相良　亨『前掲』1) 全 215.

24) 相良　亨『前掲』2) 全 250.

25) 矢部正秋『前掲』8) 全 193.

26) 相良　亨『前掲』2) 211.

27) 相良　亨『前掲』1) 135-136.

28) 矢部正秋『前掲』8) 全 193.

29) 矢部正秋『前掲』8) 16-17.

30) 矢部正秋『前掲』8) 192.

31) 吉田　勇 (1996)「社会規範としての『誠意』について」『法社会学 (48)』有斐閣,
199-203.

32) Cialdini, R. B. and Trost, M R. (1998) Social Influence: Social
Norms, Conformity and Compliance, Gilbert, D., Fiske, S. T. and Lindzey, G. eds.
The Handbook of Social Psychology, Oxford University Press, 151-92.

33) 吉田　勇 (1997)「社会的な交渉規範の一断面 (1) ―『誠意』規範の内容とその
機能―」『熊本法学 (89 号)』, 221.

34) 金山宜夫 (1989)『国際感覚と日本人』NHK ブックス, 全 203.

35) 金山宜夫『前掲』34) 24.

36) 金山宜夫『前掲』34) 31.

37) 相良　亨『前掲』4) 73-104.

38) ルーズ・ベネディクト:長谷川松治訳 (2005)『菊と刀』講談社学術文庫, 198.

39) ライオネル・トリリング:野島秀勝訳 (1989)『〈誠実〉と〈ほんもの〉』法政大
学出版局, 23-41.

40) ライオネル・トリリング:野島秀勝訳『前掲』39) 250.

第３章

社会福祉実践を支える
価値規範としての「誠意」

第1節　社会福祉実践における誠意の価値づけ

　人と人とが対等であることを前提として他者の主体性を確保しながら懸命に向かい合うことによってあらわされる誠意は、生活上の問題を抱える人たちや、その人たちが暮らす社会にむけて働きかける社会福祉の価値として機能するものと考えられる。

　社会福祉の基盤に位置づけられる理念として「人間の尊厳」と「ノーマライゼーション」をあげることができる。「人間の尊厳」は、人間をどのように捉え、理解するのか、人間理解にむけての価値といえよう。人間とは何か、人間が人間として生きていくということはどのような生き方をいうのかを追求し、その意義を見出していく人権的概念であり、障害者、高齢者などさまざまな人を支えていく取り組みとしての社会福祉の根源となる価値規範として捉えられることができる。人権的概念としての「人間の尊厳」は、人間を身体的、精神的、社会的側面から見つめ、その存在の尊さを認めていく。その核心となるものが一人ひとりの個としての尊厳性を認める「個人（個性）の尊重」といえよう。

　人権的概念としての人間の尊厳に対して、ノーマライゼーションは社会福祉を実現していくための政策的な概念としての性格をもつ[1]。どのような社会が社会福祉の価値に見合う社会なのか、どのような社会の状態が求められるのかについて追求する価値規範といえよう。政策的概念としてのノーマライゼーションは、社会福祉の取り組みが、政策、法令、制度、経営・管理、援助とマクロからミクロにわたり展開されていくなかで、その起点に位置する政策の指針として掲げられるものといえる。

　これらの社会福祉の理念に対して、誠意は、その有する基本的性格としてあげられる純粋性、無私性から、むけられる対象である他者に対しての

---

1) 金子充「社会福祉の理念」（2015）松原康雄・圷洋一・金子充『社会福祉』中央法規，4-5.

人格を尊重する概念であるということ、とりわけ無私性から、他者の立場に立ち、意向を尊重するという主体性を重んじる価値が込められる。加えて、誠意の概念のいま一つの性格としてあげられる真摯性から、むけられる対象に対して純粋性、無私性をもって懸命に向き合う姿勢が込められる。すなわち、むけられる対象としての他者への捉え方は、人格を有する人間（あるいは一人ひとりの人間から構成される集団、組織、地域、社会）として対等な関係であることを前提とする。他者に対して、人格を有する人間（同）として尊重することが誠意の基本であり、誠意は人権的概念としての人間の尊厳を踏まえた概念といえよう。

　また、誠意の価値は、倫理的規範となって家庭、職場、地域など集団、組織、社会のレベルで受け入れられ、普遍化されているものであることから、社会福祉の政策、法令、制度、経営・管理、援助の一連のプロセスにあてはめることができる。誠意がむけられる対象は限定されるものではなく、誠意をむける存在によって定められる。誠意をむける存在が、誰に（どこに）誠意をむけるのかを決定することになる。云うまでもなく障害者、高齢者、貧困者など社会福祉を必要とする人たちも誠意がむけられる対象となる存在であり、これらの人たちを含めたすべの人たちにむけられる誠意はノーマライゼーションの理念を共有するものといえよう。

◀ 第2節 「誠意」をとり入れた価値規範の構造化

　誠意の概念を社会福祉実践を支える価値規範として位置づけ、社会福祉の根源的な理念である「人間の尊厳」や「社会正義」「ノーマライゼーション」、そして、ソーシャルワーク、ケアワークの援助実践を行ううえで重要とされる「権利擁護」や「エンパワーメント」とともに相互に関連づけ、構造化を試みたものが図4（「誠意を取り入れた社会福祉実践を支える価値規範（試案）」）である。ここに設定される価値規範は、社会福祉の対象である人間や社会にむけられるものであり、うち「人間の尊厳」「誠意」「権利擁護」「エンパワーメント」は一人ひとりの人間にむけられる価値規範として、また、「社会正義」「ノーマライゼーション」は人間が存在する社会にむけられる価値規範として位置づけることとする。

図4　「誠意」を取り入れた社会福祉実践を支える価値規範（試案）

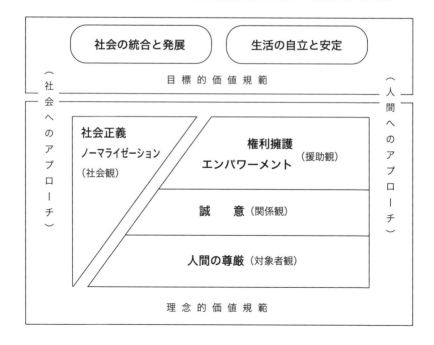

　人間にむけられる価値規範としての「人間の尊厳」は、人間をどのように捉え、理解するかという視点から社会福祉実践の対象者そのものにむけられる価値として設定され（対象者観）、すべての人間の、人間として生きていくことの権利が認められ、尊厳性が確保されることを追求するものである。

　「人間の尊厳」を基底に据えたうえに「誠意」が位置づけられ、「人間の尊厳」を確保したうえで、人間とどう向きあい、かかわり合うかという視点から、社会福祉の対象者との関係性にむけられる価値規範として設定することができる（関係観）。それは、これまでに導き出された純粋性、無私性、真摯性の3つの性格的要素から構成される誠意の基本的概念からすれば、「私利私欲をもたず、相手の立場をくみとり、正直に、まごころをもって、まじめに事にあたる気持ち」をもって向き合い、かかわり合うものである。さらに、誠意をもって人間と向き合い、かかわるなかで、どのような援助を行うのかという視点から設定される価値規範（援助観）として「権利擁護」と「エンパワーメント」の理念を位置づけることができる。

　人間をどのように捉え、理解するかという視点からアプローチする「人間の尊厳」、人間とどのように向き合い、かかわるかという視点からアプローチする「誠意」、そして、人間にどのような援助を行うのかという視点からアプローチする「権利擁護」「エンパワーメント」に対して、人間が生きていく社会はどうあるべきかという視点（社会観）からアプローチするのが「社会正義」や「ノーマライゼーション」である。「社会正義」の理念は、すべての人が社会において自由であり、平等であること追求していくものであり、「ノーマライゼーション」の理念は、すべての人間がふつうの暮らしを営むことができるよう社会のシステムに具現化され、反映させていこうとするものである。

　これらに設定される価値規範は、社会福祉実践を展開していくうえで実践者としての思いや思惟、思想、姿勢などをあらわす理念に該当する価値規範としての性格をもつことから理念的価値規範と呼称することにしたい。理念的価値規範をもって社会福祉実践が展開されるなかで、目指される到

達点にむけての目標としての価値規範（目標的価値規範）が設定されることになる。社会福祉実践の目標として設定される価値規範としては、人間にむけては一人ひとりの「生活の自立と安定」、社会にむけてはすべての国民が対等な構成員として同じ権利をもって生きていくことができる「社会の統合と発展」があげられよう。

注

1) 金子充「社会福祉の理念」(2015) 松原康雄・圷洋一・金子充『社会福祉』中央法規, 4-5.

第Ⅱ部

人を支える「誠意」の探求
―実証的検討―

第4章 ▨

【調査1】
サービス利用者が
援助者に求める「誠意」

◀ 第1節　調査の目的と方法

1．調査の目的

　調査1ではサービス利用者が援助者に求める誠意とは何か、どのような
ことに誠意を感じるのか、誠意の受け止め方について介護保険サービスと
しての通所介護サービス（以降、デイサービス）利用者へのインタビュー
調査を通して明らかにするものである。

　本書では社会福祉実践としての援助実践（福祉サービス実践）をソーシ
ャルワーク実践とともにケアワーク実践を含んだものとして捉える。調査
の対象であるデイサービスについてはケアワークを含む対人援助としての
福祉サービスであり、援助者としてのサービス提供者の多くがケアワーカ
ーといえる。そこで、調査1ではケアワーク実践場面においてサービス利
用者が援助者としてのケアワーカーに求める誠意であるということを念頭
におき、ケアという視点を意識して分析してみたい。

2．調査対象者と調査方法

　デイサービス利用者を対象とし、3事業所15人から協力を得ることが
できた。同対象者に対して筆者が2018年8月から2018年10月までの期
間に個別にインタビュー調査を行った。調査方法は誠意の言葉の意味する
内容を幅広く聞き取るために半構造化面接法を用いた。質問内容はサービ
ス利用においてサービス提供者に求める誠意とは何か、どのようなことに
誠意を感じるのか自由に語ってもらった。なお、回答者の基本的属性とし
て、性別として男性4人、女性11人、年齢構成別として70歳代9人、80
歳代6人、サービス利用年数として1年以上3年未満9人、3年以上5年
未満4人、5年以上2人であった。

３．分析方法

　得られたデータについては次のような手続きにより質的・機能的分析を行った。まず、インタビュー調査の内容をボイスレコーダーに録音し、逐語録を作成した。次に作成した逐語録を繰り返し読み、意味内容が損なわれないように整理した。そして、サービス利用上に利用者が受け止める誠意に該当する語りの部分を抽出し、特徴や意味内容が類似するものを集め、その内容や性質を表わす表題を付けたサブカテゴリーを生成した。さらにサブカテゴリー間で内容の類似したものを集め、類似性と異質性に着目して、分類、統合化したカテゴリーを生成した。同様の作業をカテゴリー間でも行い、コアカテゴリーを生成した。

　以上のような手続きにより生成されたカテゴリーについては、相互の関連性を検討し、サービスを提供する側（援助者）と利用する側（利用者）の空間のなかで構造化し、作図することとした。なお、これら一連の分析作業は筆者とともに質的研究を経験した研究者複数で行い、客観性を担保することとした。

４．倫理的配慮

　調査にあたってはデイサービス事業者（管理者）から承諾を得た後、同事業者の協力を仰ぎながら調査対象者を選定し、同対象者に対して調査の目的、方法、データ保存と破棄、データ処理方法などについて説明するとともに、調査協力の任意性、撤回の自由、調査協力に伴う利益と不利益、調査結果の公表に際しては個人名、地域名など特定しないことなどの説明を行い、同意を得た。

◀ 第2節　誠意を構成するカテゴリーの生成

　得られたデータについて先の分析方法に基づき分析した結果、30のサブカテゴリーと14のカテゴリー、6のコアカテゴリーが生成された（表1「サービス利用者が受け止める誠意の要素」）。以下、コアカテゴリーを【　】、カテゴリーを『　』、サブカテゴリーを〈　〉、インタビューの発言内容を「　」で示す。

1．承認する

　【承認する】は、利用者として自分の存在を認めてもらいたいという欲求を背景に、その欲求が満たされることをもって形成される誠意であり、『個の尊重』『共感する』『関心をもつ』の3つのカテゴリーから構成される。

　『個の尊重』は、「私たちには一人ひとりに特徴があってその特徴をしっかりと理解し、ちゃんと受けとめてくれているということですね」「個性がありますからね。違うじゃないですか、みんな。違いをちゃんと知っていてくれるのは嬉しいですね。自分のことを理解してくれているという感じですね」など〈理解してくれている〉、そのうえで「みんなそれぞれ違うし、職員の人たちも忙しいとは思うけれど私に合わせていろいろとしてくれることは誠意が感じられますね」「個人個人に応じてくれているのはいいですね。みんな違うから。一人ひとりに、その人にかかわってくれれば誠意が感じられますね」など〈合わせてくれる〉のサブカテゴリーから構成される。

　『共感する』は、「自分たちがいまどんな気持ちなのか、いつも私たちの心のなかの様子を想像してくれるということは誠意が感じられることですよね」「いろいろな気持ちの時がありますからね。元気がないときもありますもんね。そんな時に私たちの気持ちを感じてくれているなあというときは嬉しいですね」など〈気持ちを察してくれる〉と、「自分のことのよ

表1　サービス利用者が受け止める誠意の要素

コアカテゴリー	カテゴリー	サブカテゴリー
【承認する】	『個の尊重』	〈理解してくれている〉
		〈合わせてくれている〉
	『共感する』	〈気持ちを察してくれる〉
		〈自分のことのように思ってくれる〉
	『関心をもつ』	〈気付いてくれる〉
		〈覚えていてくれる〉
【気遣う】	『意思疎通を図る』	〈意見を聴いてくれる〉
		〈確認してくれる〉
		〈声をかけてくれる〉
	『気にかける』	〈心配してくれる〉
		〈励ましてくれる〉
【正　直】	『隠さない』	〈嘘がない〉
		〈言い訳をしない〉
	『裏表がない』	〈建前ではない本音でのやりとり〉
		〈いつもと変わらない態度〉
	『守る』	〈約束を守る〉
		〈決まりを守る〉
【専心する】	『真剣にやる』	〈丁寧な対応〉
		〈迅速な対応〉
	『努力する』	〈継続してくれる〉
		〈工夫してくれる〉
【責任感】	『自覚する』	〈ニーズの充足〉
		〈認識している〉
	『実行する』	〈行動に移す〉
		〈結果を示して説明してくれる〉
		〈曖昧にしない〉
【まとまり】	『協力し合っている』	〈差のない対応〉
		〈組織的な取り組み〉
	『伝わっている』	〈情報の共有化〉
		〈正確で具体的な伝達〉

うに一緒に悩んでくれたり、考えてくれたりね、そんな人は誠意がありますよ」「人ごとというのは嫌ですね。それは誠意を感じないですよ。他人事のような感じじゃいやですよね」など〈自分のことのように思ってくれる〉のサブカテゴリーから構成される。

　『関心をもつ』は、「毎日のように来ていてもちょっとしたことなんかに気付いてくれたりします。よくそんな時はうれしいですし、誠意を感じた

りしますね」「自然にみていてくれていて、ちゃんと気付いてくれている人は感じがいいですね。見ていないようで見ていてくれているんだなあという感じでね。気持ちいいですよ」など〈気付いてくれる〉と「私のことを覚えていてくれる。前に話したことなんかも覚えていてくれているときなんかは自分のことをよく思ってくれているんだなあって誠意を感じますね」「私たちはすぐ忘れしまうんですがね。小さなことでも覚えてくれているときは嬉しいですしね。ああ、この人は誠意があるなあって思いますよね」など〈覚えていてくれる〉サブカテゴリーから構成される。

2．気遣う

【気遣う】は、サービス利用者の存在を意識したうえで利用者の気持ちになって、あれこれと気を遣ってくれることによって形成される誠意であり、『意思疎通を図る』と『気にかける』の２つのカテゴリーから構成される。

『意思疎通を図る』は、「何を希望しているのか、何をしてもらいたいか、私たちの意見を聴いてくれるということが一番ですね」「どういうことをしてもらいたいか声を聴いててくれるのがいいですよね。私たちの意見を尊重してくれるというのが誠意を感じますね」など〈意見を聴いてくれる〉、「これでいいですかねとかなんて一つひとつをちゃんと確認してくれるということは私のことを意識してくれているんだと思って誠意を感じます」「何でも勝手にやられてしまうと嫌ですね。忙しいとは思うけどね。確認してくれればいいですよ。確かめてね。そうすればちゃんと気を遣ってくれているという感じがしますよね」など〈確認してくれる〉、「いろいろと声をかけてくれるということは自分たちのことを気遣ってくれている感じがします」「黙っていられるとダメですね。適当にね、声をかけてもらえれば嬉しいですよね。何気ないことでもね。一緒にいるなあっていう感じがしていいですよ」など〈声をかけてくれる〉のサブカテゴリーから構成される。

『気にかける』は、「歳をとればいろいろとできなくなったり、病気なん

かもよくしますけれど、大丈夫ですかなんていつも気にかけてくれて心配
してくれるというのは嬉しいですね」「この歳になればいろいろ病気もす
るしね。体のどこも何やらありますしね。体のことなんか心配してくれる
とありがたいですしね、誠意を感じますよね」など〈心配してくれる〉と
「体が弱ってくると自信がなくなりますもんね。弱気になることが多いで
すよ。だから励ましてくれる人はいいでね。がんばろうという気持ちにな
りますね」「元気がないときなんかね、一生懸命、励ましてくれたりする
と嬉しいですよね。誠意を感じますね」など〈励ましてくれる〉のサブカ
テゴリーから構成される。

３．正　直

　【正直】は、サービス提供上においてサービス提供者の言動に対して真
実性を求め、見せかけやごまかしのないものであることを意味し、『隠さ
ない』『裏表がない』『守る』の３つのカテゴリーから構成され、誠意が形
成されるものである。

　『隠さない』は、「嘘をいわれるのがいちばん誠意が感じられません」「人
をだましたり、嘘ついたり、そんなことはないですけど、そういうのがダ
メですね」など〈嘘がない〉、「言い訳がましいのは嫌ですね。誠意が感じ
られないですね。都合のいいことばかりをいわれれば腹が立ちますよね」
「自分の立場からいろいろ言い訳する人が嫌ですよね。そういうときなん
か誠意が感じられないですね」など〈言い訳をしない〉のサブカテゴリー
から構成される。

　『裏表がない』は、「表面と心のなかが違うというのが誠実じゃないです
ね。建前だけの対応の場合は誠意がないですね」「人はみんな裏表がある
と思うけれど、それがひどいと誠意は感じられません。上辺だけの感じじ
ゃダメですよね」など〈建前ではない本音でのやりとり〉と「ころころと
態度が変わるのは誠意が感じられませんね」「変わらない人がいいですよ。
自分の気分で変わったり、人によって変わったりする人は誠意が感じられ

ないですよね」など〈いつもと変わらない態度〉のサブカテゴリーから構成される。

『守る』は、「約束を守ることは誠意を表していると思いますよ。ここ（サービス）を使うときにも約束があったしね。職員さんともいろいろ約束をするときもあるしね。だけど約束したら守らなければならない責任がありますよ」「まずは、約束を守ることができない人はダメですよ。約束が守れない人は誠意がないですよ。約束が守れない人は信頼されないですもんね」など〈約束を守る〉、「こういうところではいろいろと決まりごとがあるじゃないですか。決まりごとが守られてこその仕事でしょ。それがちゃんと守られていなければ誠意は感じないです」「みんながいるところは決まりがあるじゃないですか。そして、こういうところはいろいろと決まりを守って仕事をしなければならないじゃないですか。そういう決まりが守られていいなければ誠意はないですよ」など〈決まりを守る〉のサブカテゴリーから構成される。

4．専心する

【専心する】は、サービス提供上においてその一つひとつに熱心に取り組み、力を尽くしているさまを意味するものであり、『真剣にやる』と『努力する』の２つのカテゴリーから構成される。

『真剣にやる』は、「話しでも、食事やお風呂の介助でもそうですが大雑把に適当にやるのではなくて、丁寧にやってくれるというのは誠意が感じられますね」「何でも丁寧な人がいいですよね。忙しいから時間もないんでしょうけどね。いい加減にやっているのと丁寧にやっているのとでは誠意の感じ方は違いますよね」など〈丁寧な対応〉と、「遅いと忘れているんじゃないかという気になります。早く対応してくれれば真剣にやってくれているという感じで誠意を感じます」「何でも早ければいいってわけじゃないけれど、やっぱり遅いと忘れているんじゃないかと思ったりしてね。あんまり、言えないんだけれど。早いと気持ちいいですし、誠意を感

じますよね」など〈迅速な対応〉のサブカテゴリーから構成される。

　『努力する』は、「すぐに止めてしまうのではなく、続けてやってくれれば努力してくれているという感じがします」「何回もやってくれたりするとありがたいですしね、誠意を感じますよ。すぐ終わりではなく、続けてやってくれるとありがたいですね」など〈継続してくれる〉と、「いろいろと工夫してくれて、試してくれて、自分たちのために何か工夫しながらやってくれているという感じは誠意が感じられますよね」「あきらめないで工夫してくれると嬉しいですよ。すぐダメじゃなくてね。試してくれて工夫してくれたりすると誠意を感じますね」など〈工夫してくれる〉のサブカテゴリーから構成される。

5．責任感

　【責任感】は、サービス提供上に求められる提供者としての責任や職員の業務にかかわる責任、また、利用者からの要求に対する責任の重みを実感し、その責任を果たそうとする姿勢や行いによって誠意が形成されるものであり、『自覚する』と『実行する』の２つのカテゴリーから構成される。

　『自覚する』は、「私たちは自分でやれないことがいろいろあるからここに来ているんですよ。自分でやれればここのサービスは使っていませんからね。だから、どういうことが私たちに必要なのかをちゃんと分かってくれていて、それに応えてくれるというのがここの仕事でしょうからね。それができることが、まずはこういうところの責任でしょうし、誠意だと思いますよ」「やってもらいたいことをやってもらえることが大切でしょうね。それはわがままを聞いてくれというんじゃないですよ。本当に必要なことでやってもらいたいことがあるじゃないですか。それをやってくれるというか、応えてくれるというか、それが感じられたときに誠意が感じられますよね」など〈ニーズの充足〉、「自分たちが何をやらなければならないのか、ちゃんとやらなければならないことが分かっていて、対応してくれるという責任感がある人が誠意を感じます」「責任を自覚していて、その

責任を果たそうとして、私たちが何を求めているのかをちゃんと理解してくれていることが誠意を感じますね」など〈認識している〉のサブカテゴリーから構成される。

『実行する』は、「言われたことはちゃんと実現する。言うだけではなくて行動してくれなきゃね。行動してくれれば誠意を感じますよ」「口だけでなはくて、ちゃんと動く人でなければね。言うけれど動かない場合は口だけで誠意は感じないですよね」など〈行動に移す〉、「責任感が強いというのが大切で、実行して、結果をだしてね、それを丁寧に説明してくれれば責任感が強いなあという感じで誠意が感じられますよ」「結果はどうだったのかが聞きたいですよね。それをちゃんと丁寧に説明してくれれば納得いくしね、ダメでも説明してくれれば誠意がありますよ」など〈結果を示して説明してくれる〉、「お願いしていたことを曖昧にしないで、ちゃんとやってくれるということは責任を果たしているから誠意を感じますよね」「曖昧な感じの場合があまりいい気持ちしないですよ。はっきりしない場合もあると思いますけれどね。やっぱり、はっきり、どうだったのかは知りたいですもんね」など〈曖昧にしない〉のサブカテゴリーから構成される。

6．まとまり

【まとまり】は、サービス提供組織における職員同士の連携や一体感、そのことによってもたらされる情報の共有化やサービスの均質化をもって誠意が印象づけられ形成されるものであり、『協力し合っている』と『伝わっている』の2つのカテゴリーから構成される。

『協力し合っている』は、「職員の人たちがバラバラだと混乱しますよ。職員さんたちが協力してまとまっていて、その人に差がないことは誠意が感じられますね」「職員さんたちにあまりにも差があると戸惑いますし、誠意が感じられないですね。同じ施設だからね。どうしてこんなに違うんだろうかってね。同じ施設だから同じように対応してもらいたいですけど

ね」など〈差のない対応〉と、「個人でやるというよりもみんなでやると
いう感じがいいですよね。施設全体でやるっていう感じが安心できますね。
誠意が感じられますよ」「たくさんの人が働いているからみんなまとまっ
ていなければね。まとまっていないところなんか大変ですよ。まとまって
いれば気持ちいいですよ」など〈組織的な取り組み〉のサブカテゴリーか
ら構成される。

　『伝わっている』は、「お願いしたことがみんなに伝わっているのがいい
です。伝えていても伝わっていない場合は、もう言わないっていう感じに
なります」「伝わっていないときは何してたんだと思いますよね。いろい
ろお願いすることがあるんですよ。それがその人だけで終わってしまって
いるときがあって、みんなに伝わっていない。それは誠意は感じられませ
んよね」など〈情報の共有化〉と、「伝えたことが間違って伝えられてい
ると困りますよね。また、伝えなければならないし。ちゃんと正確に伝え
てもらわないと。施設が大きくなればそんなことがありますよね」「お店
でもどこでもそうじゃないですか。正確に伝わることが大切じゃないです
かね。間違って伝わってしまっても意味ないですもんね。正確にちゃんと
伝えてもらえていれば誠意が感じられますよ」など〈正確で具体的な伝達〉
のサブカテゴリーから構成される。

◀ **第3節　利用者が求める誠意の構造**

1. 誠意の基本的概念の枠組みから

　調査1で得られた各カテゴリーを誠意の基本的概念を構成する性格的要素（純粋性、無私性、真摯性）にあてはめてみると、【承認する】【気遣う】を構成するカテゴリーは「無私性」に、【正直】を構成するカテゴリーは「純粋性」に、そして、【専心する】【責任感】【まとまり】を構成するカテゴリーは「真摯性」に結びつけることができる。

　これらに結びつけられた性格的要素においては、ケアされる立場に置かれたサービス利用者の主体性や、有する価値観が反映されることとなる。すなわち、サービス提供場面に形成される誠意において「純粋性」とは、隠しごとのない透明性が確保され、ごまかしのないありのままの自分をもって向き合う真実性のあるもの、「無私性」とは、利用者一人ひとりの存在や個別の価値が感得され、反応されたものであるもの、そして、「真摯性」とは、利用者の要求に応え、行動し、実行していく責任感をもって真剣に取り組むものであることとなる。

　援助者はサービス利用者の心身上の特性などからサービス提供上に高い倫理観や権利擁護が求められ、サービス利用者からして信頼を前提とした対象となる。自らの判断能力に限界が認められるサービス利用者が存在するなかで、嘘偽りのあるサービスが提供されることは許されることではない。しかし、他方で介護保険サービスなどのサービスが市場で提供されるシステムにあるなかで虚偽が発生することも否定することはできない。ここにサービス提供上に隠しごとのない透明性が確保された純粋性が求められる背景の一面があろう。本調査で得られた誠意を形成する性格的要素の一つにあげられる純粋性に結びつけられる【正直】を構成するカテゴリーの内容は、嘘偽りが発生し得るサービス提供場面が想定されるなかで、法令、倫理、社会的規範からなるコンプライアンスの概念[1]に該当する含

意を有するものとして理解することができる。それは特に『守る』のカテゴリーを構成する〈約束を守る〉〈決まりを守る〉に反映されているものと考えられる。

　コンプライアンスの視点から正直であるという純粋性とともに、いま一つに内的に純粋であること、すなわち、援助者自らの気持ちに正直であるという純粋性が【正直】を構成するカテゴリーの内容にうかがうことができる。それは特に『裏表がない』のカテゴリーを構成する〈建前ではない本音でのやりとり〉〈いつもと変わらない態度〉に内在するものといえよう。援助者自身の気持ちに正直になれず、嘘偽りをもってサービス利用者と向き合うとき、その嘘偽りは見抜かれ、誠意が感じられないとの感情を抱かれてしまう。自らに正直になるという純粋性は、心理的に安定していて、ありのままの自分を受け入れていること、防衛的になったり、虚勢的にならず率直な気持ちや態度で向き合うというロジャースの指摘する自己一致の概念[2]に該当するものとも考えられる。

　誠意を形成する性格的要素としての「無私性」と結びつけられる【承認する】【気遣う】のカテゴリーや、同じく「真摯性」と結びつけられる【専心する】【責任感】【まとまり】のカテゴリーについては、デイサービスや施設サービスなどのサービスが集団のなかで長期にわたり展開されるうえで援助者主体の画一的で機械的なケアとなりがちになることなどが影響し、作用しているものと推測される。

　人は、関心を持ったものに心惹かれる。メイヤロフ（1987）[3]は、ケアにおいて他者が第一義的に大切であり、他者の成長こそケアする者の関心の中心でなければならないと指摘する。そして、氏はケアにおける無私の状態とは、最高の覚醒、自己と相手に対する豊かな感受性、そして自分独

1）瀬戸恒彦（2014）『介護事業の基礎力を鍛えるコンプライアンス経営』日本医師企画, 8-9.
2）上野徳美・岡本祐子・相川充編著（2013）『人間関係を支える心理学』北大路書房, 162-164.
3）ミルトン・メイヤロフ（1987）『（田村真, 向野宜之訳）：ケアの本質　─生きることの意味─』ゆみる出版, 68-69.

自の力を活用することを意味するとする。すなわち、自己の関心が他者に焦点化する無私の状態になることによってケアに求められる自己の力を引き出し、自由に駆使することができるものとして捉えられる。「1人の人格をケアするとは、最も深い意味で、その人が成長すること、自己実現することをたすけることである」（メイヤロフ 1987）[4] とされるなか、ケアする者は他者の成長への要求に対して応答する責任をもち、その責任を果たすために行動し、実行していく姿勢、すなわち、誠意を形成する真摯性をもって他者と向き合うことが求められているといえよう。

2．誠意の構造性

　生成されたカテゴリーの関連性について構造化を試みたものが図5（「サービス利用者が受け止める誠意の構造」）である。抽出されたカテゴリーは、まず、利用者と援助者が直接的にかかわる場面と間接的にかかわる場面に分けることができる。前者はサービス利用者と援助者との直接的な関係性のなかで誠意が形成される性格をもつものであり、【承認する】【気遣う】【正直】【専心する】【責任感】のカテゴリーに該当するものがあげられる。対して後者は、利用者と直接的な関係にはない援助者間との関係性により間接的に利用者に誠意が反映される性格をもつものであり、【まとまり】のなかに構成されるカテゴリーがあげられる。

　直接的関係場面において形成される誠意は、基本的に利用者と援助者の二者間が相対するなかで生成されるものであり、いわば「向き合う」ことをもって築かれるとものといえよう。「向き合う」とは、同場面に該当する各カテゴリーの性格から単に利用者と援助者が向かい合っている状態をいうのではなく、援助者が利用者という他者の存在を感じ、受け止めている関係性を意味するものである。その「向き合う」ことの基盤に【承認する】ことを位置づけることができる。

4）ミルトン・メイヤロフ『前掲』3）13.

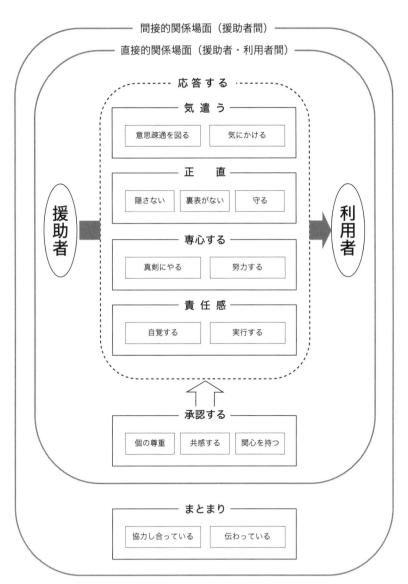

図5　サービス利用者が受け止める誠意の構造

　人間の基本的欲求の一つとしてもあげられている承認の欲求については
サービス提供場面において利用者が有する重要な欲求であることが示唆さ
れる。広井（2013）[5]は、ケアし、ケアされることを求めるというケアへ
の欲求を人間の本質的な欲求として捉え、そこには自らの存在を認めても
らいたいという承認の欲求が重なり合うものがあることを次のように指摘
している。「人間は、生まれてから成長し、若者の時期や壮年期などを経
て成熟しやがて老いて死ぬわけだが、そうした人生のプロセスを通じて、
人間がさまざまなことを望んだり行動したりする場合の『動機づけ』のか
なりの部分は、もとをたどっていくと『承認』への欲求、つまり自分の存
在（その良い能力・努力、成果ひいては存在そのもの）を認められたい、
という点に行き着くのではないだろうか。（中略）そしてある意味では、
この『承認』欲求ということこそが、日常的なレベルを含め、人間が生
を営んでいくにあたってのもっとも根底にある動機づけであるように見え
る。それはこの『承認』ということが、人間にとって本質的なものとして
論じてきた『ケア（ケアすること／ケアされること）』と実質的に重なっ
ていることに由来していると思われるのである」（広井 2013）[6]。

　直接的関係場面においてサービス利用者が受け止める誠意については、
このような『個の尊重』『共感する』『関心をもつ』からなる【承認する】
ことを「向き合う」ことの基底に据えながら、援助者から利用者にむけて
アプローチする【気遣う】【正直】【専心する】【責任感】をもって形成さ
れる構造を描くことができる。利用者にむけられるこれらのアプローチは
利用者が有する承認の欲求にいわば「応答する」ものともいえよう。「応
答する」とは、反応し、応えることであり、気にかけ、意思疎通を図りな
がら（【気遣い】）、見せかけやごまかしなく（【正直】）、決まりや約束を守
りながら（【責任感】）、真剣にして熱心に取り組み、実行する（【専心する】）
という応答である。

5）広井良典（2013）「いま、『ケア』を考えることの意味」広井良典編著『ケアとは何だろうか』
　　ミネルヴァ書房，21.
6）広井良典『前掲』5）21.

　メイヤロフ（1987）[7]は、ケアする者がケアされる者に感じ取る価値は
あるがままの他者と、他者自身の存在の権利において個別的である他者と
に応答することと結びついているとし、他者に対して思いやりの感情を抱
いたときの状況と同じであるとする。すなわち、思いやりとは、他者を独
自の価値を有している人として応答することであるとされる。「応答する」
ことはケアされる者の本質的な価値をケアする者が直接的に感じとること
によって発現する行為であり、価値を感得することとは「応答する」こと
の基軸にある『個の尊重』など【承認する】ことを意味するものとして捉
えることができる。この【承認する】という他者の価値を感得することは、
外から付与されるというようなものではなく、内発的に醸成される性質の
ものといえよう。

　いまひとつの場面である間接的関係場面に形成される誠意としてとりあ
げられる【まとまり】については、直接的関係の場面にあげられる誠意形
成要因を組織的に形成し、後押しするものとして作用しよう。ヒューマン
サービスの特性の一つとしてサービスの連続性（サービス提供期間は長期
にわたりやすい）をあげることができるが[8]、同職種や多職種での連携に
よって提供されるケアサービスの場合、統一性を確保するうえでのリスク
が指摘される。苦情申立て事例の場合から組織としての統一性に欠けるサ
ービスの提供が誠意を崩壊させる要因となっていることが報告されており
（第7章にて詳述）、情報などが共有化され、職員間で連携・協力されるな
かで格差をもたらすことのない【まとまり】のある組織的なサービスは、
結果として利用者にむけて直接的にもその質に反映され、誠意となって受
け入れられるものとなっている。

---

7)　ミルトン・メイヤロフ『前掲』3) 189.
8)　島津淳（2005）『医療の質と患者満足　―サービス・マーケティング・アプローチ―』千
　　倉書房, 23.

3．誠意とケア

　これまでの考察からサービス利用者が受け止める誠意は、自ら（利用者）が有する価値を承認し、個別的な存在として応答してくれることをもってもたらされるものであることが示唆される。あるがままの他者とその他者の存在の権利において個別的に応答することや、他者を独自の価値を有している人として応答することでその人の価値を感得することはケアの本質として指摘され[9]、誠意として受け止められるサービスはケアの本質と重なる。ケアの概念からも同語には狭義の「介護」ないし「看護」といった医療・福祉の領域に特化した意味づけとともに、広義には「配慮」「気遣い」という意味が込められ[10]、人と人との関係性に着目し、ポジティブな他者とのかかわりを志向する性格が内在する。

　調査１で得られた誠意形成要因としてあげられる【承認する】を構成するサブカテゴリーとしての〈理解してくれている〉〈合わせてくれる〉〈気持ちを察してくれる〉〈自分のことのように思ってくれる〉〈気付いてくれる〉〈覚えていてくれる〉や、【気遣う】を構成するサブカテゴリーとしての〈意見を聴いてくれる〉〈確認してくれる〉〈声をかけてくれる〉〈心配してくれる〉〈励ましてくれる〉は広義のケア概念の意味そのものにも該当する。

　メイヤロフ（1987）[11]は広義のケアとして、その人の人生という大きな文脈における場を考慮して捉えられるものであるとする。それはケアが生活のあらゆる側面を実りあるものに秩序だてることができる包括的なものであり、許容する包容力のある場を造りだすものであるとされ（「場の中にいる」）、その場から外れたり（「場の外にいる」）、「自分にあわない場」として逃れたりすることが、無関心、無感覚であることからもたらされる

9）ミルトン・メイヤロフ『前掲』3）188-190.
10）広井良典『前掲』5）2.
11）ミルトン・メイヤロフ『前掲』3）211-213.

と指摘する。誠意の基軸となる他者が有する価値を承認し、応答することは、無関心、無感覚とは対極をなし、誠意を形成することは「場の中にいる」ことにアプローチするものといえよう。

　調査1の結果から得られたサービス利用者が受け止める誠意を構成する要素は、誠意の基本的概念から性格づけられる純粋性、無私性、真摯性と結びつけられるものであった。それはケアされる者の立場、欲求、主体性が反映されるものとなって、集団のなかで一人ひとりとしての個の存在を意識し、認めてくれている、その裏付けとして気遣ってくれる（無私性）、そして、ごまかしのないありのままの自分をもって向き合い（純粋性）、責任感をもって真剣に取り組む（真摯性）というものであった。

　また、各構成要素は利用者と直接的にかかわる場面（援助者・利用者間）と、間接的にかかわる場面（援助者間）に配置されたなかで、前者の場面の基盤に【承認する】が位置づけられ、承認の欲求に呼応して【気遣う】【正直】【専心する】【責任感】をもって応答することによって誠意が形成され、後者の場面から組織上に援助者間の【まとまり】をもって前者の場面を支えるという構造性をうかがうことができた。

注

1) 瀬戸恒彦 (2014)『介護事業の基礎力を鍛えるコンプライアンス経営』日本医師企画, 8-9.
2) 上野徳美・岡本祐子・相川充編著 (2013)『人間関係を支える心理学』北大路書房, 162-164.
3) ミルトン・メイヤロフ (1987)『(田村真, 向野宜之訳)：ケアの本質　—生きることの意味—』ゆみる出版, 68-69.
4) ミルトン・メイヤロフ『前掲』3) 13.
5) 広井良典 (2013)「いま、『ケア』を考えることの意味」広井良典編著『ケアとは何だろうか』ミネルヴァ書房, 21.
6) 広井良典『前掲』5) 21.
7) ミルトン・メイヤロフ『前掲』3) 189.
8) 島津淳 (2005)『医療の質と患者満足　—サービス・マーケティング・アプローチ—』千倉書房, 23.
9) ミルトン・メイヤロフ『前掲』3) 188-190.
10) 広井良典『前掲』5) 2.
11) ミルトン・メイヤロフ『前掲』3) 211-213.

第５章

【調査２】
事業者がサービス提供上に
意識する「誠意」

◀ **第1節　調査の目的と方法**

1．調査の目的

　調査2では事業者がサービス提供にむけて意識する誠意について検討する。調査1でのサービス利用者が援助者に求める誠意に対して、調査2では事業者は利用者に対してどのように誠意を意識してサービスを提供しているかを明らかにしてみたい。

　事業者がサービス提供にむけて意識する誠意とは何か、介護保険サービス事業者へのインタビュー調査を通して明らかにする。

2．調査対象者と調査方法

　調査目的に見合う調査対象者としては、誠意を込めたサービスの提供を意識している事業者が想定される。誠意が意識化されていない事業者に対して誠意の意味を問うことは適切ではないと判断したからである。そこでサービス提供にむけて誠意を意識しているであろうと想定される事業者として、施設・事業所で作成されている事業計画や要覧などにおいてサービス提供上に設定されるサービス理念や方針などに「誠意」や同義としての「誠実」あるいは「誠心誠意」、「至誠」などの言葉が記載されている介護保険サービス事業者を調査対象者として設定した。

　また、本調査がサービス実践組織としての事業所・施設で設定されるサービス提供上の誠意の含意を明らかにするものであること、サービスは利用者にむけての直接的な働きかけだけではなく、契約、計画策定、連絡調整、環境整備など間接的な働きかけをもって利用者に作用する幅広い取り組みであること、サービスの対象者は利用者のみに止まらず、その家族や地域住民などにも及ぶことなどから、これらを理解し、把握できていると判断される調査対象者として10の介護保険サービス事業者の代表者や主任生

活相談員 10 名に協力を依頼し、承諾を得た。調査対象者の属性は介護老人福祉施設の施設長 4 名、介護老人福祉施設の主任生活相談員 4 名、通所介護事業所の代表者 2 名であり、そのすべての者が介護業務の直接的経験を有する。

　調査対象者に対して筆者が 2018 年 10 月から 2018 年 12 月までの期間に個別にインタビュー調査を行った。インタビュー調査の方法は、誠意の言葉の意味する内容を幅広く聞き取るために半構造化面接法を用いた。質問内容は、サービス提供にむけて意識化される誠意とは何かについて自由に語ってもらった。インタビュー調査の時間は一人あたり 60 分程度とした。

3．分析方法

　得られたデータについては次のような手続きにより質的・機能的分析を行った。まず、インタビュー調査の内容をボイスレコーダーに録音し、逐語録を作成した。次に作成した逐語録を繰り返し読み、意味内容が損なわれないように整理した。そして、事業者としてのサービス提供にむけて意識化される誠意に該当する語りの部分を抽出してコードを付した。そのうえで特徴や意味内容が類似するものを集め、その内容や性質を表わす表題を付けたサブカテゴリーを生成した。さらにサブカテゴリー間で内容の類似したものを集め、類似性と異質性に着目して、分類、統合化したカテゴリーを生成した。同様の作業をカテゴリー間でも行い、コアカテゴリーを生成した。

　生成されたカテゴリーは、先の誠意の基本的概念に直接的に該当するものとともに、間接的に結びつけられるものがあげられ、誠意の含意の構造性がうかがわれた。そこで、生成されたカテゴリーについて相互の関連性を検討し、サービスを提供する側と利用する側の空間のなかで構造化し、作図することとした。なお、これら一連の分析作業は筆者とともに質的研究を経験した研究者複数で行い、客観性を担保することとした。

４．倫理的配慮

　調査にあたっては同対象者に対して調査の目的、方法、データ保存と破棄、データ処理方法などについて説明するとともに、調査協力の任意性、撤回の自由、調査協力に伴う利益と不利益、調査結果の公表に際しては事業者名など特定しないことなどの説明を行い、同意を得た。

第2節　誠意を構成するカテゴリーの生成

　得られたデータについて先述した手続きによって分析した結果、43の
コードと20のサブカテゴリー、8つのカテゴリー、3つのコアカテゴリー
が生成された（表2「サービス事業者が意識する誠意の要素」）。以下、コ
アカテゴリーを【　】、カテゴリーを『　』、サブカテゴリーを〈　〉、コード
を「　」で示す。

1．誠意の前提

　【誠意の前提】は、サービスの特性を反映させながら【誠意の本性】を
形成していくうえで事業者として予め心がけておくべきものを意味するも
のであり、以下にあげる『サービス事業者としてのミッションの自覚』と
『福祉サービスの固有性の確保』の2つのカテゴリーから構成される。

(1)『サービス事業者としてのミッションの自覚』

　『サービス事業者としてのミッションの自覚』は、事業者としてサービ
スを提供することの使命とは何であるのかを自覚し、自らの立場や状況、
求められている役割などについて知ることを意味し、〈人間の尊厳の確保〉
と〈生活の質の向上〉の2つのサブカテゴリーから構成される。

　うち、〈人間の尊厳の確保〉は、利用者一人ひとりに応じていくことが
人間の尊厳の中心であるとする「個人の尊厳を尊重すること」、できない
ことを補いながら人間らしく生きる権利をいかにして護ることができるか
を意識する「権利擁護を図ること」、その人にとっての自己実現を追求し
ていくことを念頭におく「自己実現をめざすこと」から構成される。〈生
活の質の向上〉は、喜びや楽しみなど精神的に満たされるサービスの提供
を心がける「精神的満足感が充足されること」、生きがいは何なのかを探
して援助する「生きがいにつながること」から構成される。

表2　サービス事業者が意識する誠意の要素

コアカテゴリー	カテゴリー	サブカテゴリー	コード
【誠意の前提】	『サービス事業者としてのミッションの自覚』	〈人間の尊厳の確保〉	「個人の尊厳を尊重すること」
			「権利擁護を図ること」
			「自己実現を目指すこと」
		〈生活の質の向上〉	「精神的満足感が充足されること」
			「生きがいにつながること」
	『福祉サービスの固有性の確保』	〈人対人のサービス〉	「人間的要因が作用するサービスであること」
			「全人的なケアを行うこと」
		〈生活を支えるサービス〉	「無形のサービスであること」
			「連続したサービスであること」
			「包括的なサービスであること」
		〈公共的なサービス〉	「指定を受けた事業体であること」
			「公的財源が投入されていること」
		〈専門的なサービス〉	「科学的なケアを行うこと」
			「専門職によるケアであること」
【誠意の本性】	『決まりを守る』	〈コンプライアンス〉	「法令に基づくサービスであること」
			「社会通念を意識したものであること」
		〈約束を守る〉	「契約を履行すること」
			「言葉の重みを意識すること」
		〈透明性の確保〉	「情報を公開すること」
			「評価を受けること」
	『責任を持つ』	〈選ばれた存在〉	「契約制度としての選択制であること」
			「期待に応えること」
		〈社会資源としての役割〉	「多様な資源の保有していること」
			「地域社会への貢献をすること」
	『実行する』	〈組織的な対応〉	「まとまりがあること」
			「システム化されていること」
			「協働化されたものであること」
		〈目標をもつ〉	「計画を立てて実行すること」
			「ケアプランに基づくサービスであること」
	『利用者主体』	〈意向の尊重〉	「推し量ること」
			「受け入れること」
		〈個別的な対応〉	「ニーズに合わせること」
			「一人ひとりと向き合うこと」

【誠意の成果】	『信頼を得る』	〈ケアの市場化〉	「家族に代わるサービスであること」
			「対価に見合うサービスであること」
		〈利用者・家族からの信頼〉	「深くコミットメントすること」
			「家族の理解と協力が得られること」
		〈地域・社会からの信頼〉	「地域のなかで生活しているということ」
			「住民の理解が得られること」
	『サービスの質の向上』	〈利用者満足度〉	「好感をもってもらえる」
			「評価となって表わされる」
		〈職員の意識の向上〉	「組織の文化を高める」
			「職員のモラールを高める」

(2)『福祉サービスの固有性の確保』

　『福祉サービスの固有性の確保』は、福祉サービスが有形の製品を製造することとは異なる次元のものであり、独自の固有性があることを理解し、その特性を活かしたサービスを提供することが介護事業者に要求されていることを意味し、〈人対人のサービス〉、〈生活を支えるサービス〉、〈公共的なサービス〉、〈専門的なサービス〉の4つのサブカテゴリーから構成される。

　うち、〈人対人のサービス〉は、援助者の人間性が直接的に伝わるサービスであることを意識する「人間的要因が作用するサービスであること」、ケアを行うときには全人格をもってかかわらなければならないなど「全人的なケアを行うこと」から構成される。〈生活を支えるサービス〉は、固定化された形の定まらないサービスであることを意味する「無形のサービスであること」、1回では終わらない、続いていくことを前提としたサービスであることを意味する「連続したサービスであること」、衣食住のすべてが盛り込まれた生活に必要な総合的なサービスであることを意味する「包括的なサービスであること」から構成される。

　〈公共的なサービス〉は、サービス事業者は自治体から認可や指定を受けての公的な性格をもった組織であるとする「指定を受けた事業体であること」、税金や保険料など公的財源によって成り立っていることを意識し

なければならないとする「公的財源が投入されていること」から構成される。〈専門的なサービス〉は、主観的ではない、科学的に追求されたサービスを提供することが要求されているとする「科学的なケアを行うこと」、専門職であることを自覚した専門性の高いケアを行わなければならないとする「専門職によるケアであること」から構成される。

2．誠意の本性

【誠意の本性】は、誠意の基本的概念を構成する純粋性、無私性、真摯性の性格的要素に直接的に該当するもので、以下にあげる『決まりを守る』、『責任をもつ』、『実行する』、『利用者主体』の４つのカテゴリーから構成される。

(1)『決まりを守る』

『決まりを守る』は、定められた法令などを遵守しながら利用者・家族と交わされた約束事としての契約に基づくサービスを提供し、地域、社会にむけて介護事業者としての取り組みや結果について公にするなど決められたことをしっかりと守り、隠し事がないことを意味するものであり、〈コンプライアンス〉、〈約束を守る〉、〈透明性の確保〉の３つのサブカテゴリーから構成される。

うち、〈コンプライアンス〉は、介護保険法や運営基準をしっかりと守らなければならないとする「法令に基づくサービスであること」、社会通念上の常識を踏まえたサービスであることを意識する「社会通念を意識したものであること」から構成される。〈約束を守る〉は、サービス開始前に取り交わされた契約が守られたものでなければならないとする「契約を履行すること」、日々のサービス提供上に交わされる言葉や約束の重みを感じなければならないとする「言葉の重みを意識すること」から構成される。〈透明性の確保〉は、サービスの内容などを公開することによって隠し事がないことを表わす「情報を公開すること」、第三者などから評価を

受けることによって提供しているサービスを客観的に確認してもらうことが大切であるとする「評価を受けること」から構成される。

(2) 『責任をもつ』

『責任をもつ』は、公的な事業体としての介護事業者として、サービス利用者・家族から、また、地域、社会から要求される役割を果たす責任をもっていることを意味し、〈選ばれた存在〉と〈社会資源としての役割〉の２つのサブカテゴリーから構成される。

うち、〈選ばれた存在〉は、契約制度のなかで介護事業者が選ばれているということ、また、選んでもらっているということを自覚しなければならないとする「契約制度としての選択制であること」、利用者をはじめ、社会的な存在として期待に応えていかなければならないとする「期待に応えること」から構成される。〈社会資源としての役割〉は、介護施設は社会資源であり、保有する多くの資源を使って機能しなければならないとする「多様な資源を保有していること」、サービス利用者だけではなく、一般の地域の人たち、地域社会全体のニーズに応えていくことが求められているとする「地域社会への貢献をすること」から構成される。

(3) 『実行する』

『実行する』は、要求されているサービスを介護事業者としてしっかりと提供できる体制とシステムを組織的に整え、職員間で連携し、一体となって実行することを意味し、〈組織的な対応〉と〈目標をもつ〉の２つのサブカテゴリーから構成される。

うち、〈組織的な対応〉は、組織としてバラバラにならないよう、まとまってサービスを提供していかなければならないとする「まとまりがあること」、求められているサービスを確実に実行できる仕組みを整備しておくことが大切であるとする「システム化されていること」、職員間で連携し、協力しながら実行していくことが大切であるとする「協働化されたものであること」から構成される。〈目標をもつ〉は、組織としてサービスを提

供していくためには事業計画をたて、目標をめざして取り組んでいくことが大切だとする「計画を立てて実行すること」、最終的に一人ひとりにむけて提供されるサービスではケアプランに基づきサービスを提供することが大切であるとする「ケアプランに基づくサービスであること」から構成される。

(4)『利用者主体』

　『利用者主体』は、サービス提供において援助者である職員の都合に合わせるものではなく、利用者一人ひとりの意向を尊重し、ニーズを優先するものであることを意味し、〈意向の尊重〉と〈個別的な対応〉の2つのサブカテゴリーから構成される。

　うち、〈意向の尊重〉は、利用者の心の内を察し、尊重することを心がける「推し量ること」、受容し、利用者の人格そのものを受け入れるという気持ちが大切であるとする「受け入れること」から構成される。〈個別的な対応〉は、利用者のニーズを優先し、ニーズに合わせたサービスを提供することが大切であるとする「ニーズに合わせること」、画一的にならず、一人ひとりに対して向き合いながらケアを行うことを意識する「一人ひとりと向き合うこと」から構成される。

3．誠意の成果

　【誠意の成果】は、【誠意の前提】を踏まえ、【誠意の本性】をもってサービスが提供されることによって得られることが期待されるものを意味し、『信頼を得る』と『サービスの質の向上』の2つのカテゴリーから構成される。

(1)『信頼を得る』

　『信頼を得る』は、サービス提供上に込められる誠意によって獲得されるものとして信頼があげられ、信頼を得る対象として利用者・家族をはじ

め地域、社会を意識したものであることを意味し、〈ケアの市場化〉、〈利用者・家族からの信頼〉、〈地域・社会からの信頼〉の３つのサブカテゴリーから構成される。

　うち、〈ケアの市場化〉は、家族ではない者が介護を行うことには大きな信頼が必要になることを意味する「家族に代わるサービスであること」、代金に見合うサービスを提供しなければならないとする「対価に見合うサービスであること」から構成される。〈利用者・家族からの信頼〉は、信頼を得るためには表面的なものではなく、深いかかわりが必要であるとする「深くコミットメントすること」、家族と協力しながらサービスを提供してくことが大切であるとする「家族の理解と協力が得られること」から構成される。〈地域・社会からの信頼〉は、地域社会とのかかわりのなかでサービスが提供され、生活を支えることが大切であるとする「地域のなかで生活しているということ」、住民の理解や協力が得られるサービスを心掛ける「住民の理解が得られること」から構成される。

(2)『サービスの質の向上』

　『サービスの質の向上』は、誠意を込めたサービスを提供することにより、サービスの質を高め、レベルアップすることが期待されることを意味し、〈利用者満足度〉、〈職員の意識の向上〉の２つのサブカテゴリーから構成される。

　うち、〈利用者満足度〉は、誠意をもったサービスを提供することが利用者や家族に好感をもって伝わることを期待する「好感をもってもらえる」、誠意を意識したサービスは利用者のみならず、家族、地域住民の人たちから評価してもらえることにつながることを期待する「評価となって表わされる」から構成される。〈職員の意識の向上〉は、誠意の理念を職員全体として共有することは組織としてのよい文化をつくることにつながるとする「組織の文化を高める」、誠意の理念を掲げてサービスを提供することは職員一人ひとりのモラールを高め、誇りを醸成することにつながるとする「職員のモラールを高める」から構成される。

◀ ## 第3節　事業者が意識する誠意の構造

1．誠意を構成する基本的枠組み

　生成されたカテゴリー相互の関連性から事業者のサービス提供にむけて意識化される誠意を構成する基本的枠組みは、①純粋性、無私性、真摯性の性格的要素から構成される誠意の基本的概念に該当するもの（【誠意の本性】）とともに、②サービスの特性を反映させながら【誠意の本性】を形成していくうえでサービス事業者として予め心がけておくべきもの（【誠意の前提】）、さらには、③【誠意の前提】を踏まえ、【誠意の本性】をもってサービスが提供されることによって得られることが期待されるもの（【誠意の成果】）の３つの枠組みに分類することができた。①の【誠意の本性】に該当するものとして、『決まりを守る』、『責任をもつ』、『実行する』、『利用者主体』の各カテゴリーに構成されるサブカテゴリー、②の【誠意の前提】に該当するものとして『サービス事業者としてのミッションの自覚』、『福祉サービスの固有性の確保』の各カテゴリーに構成されるサブカテゴリー、③の【誠意の成果】に該当するものとして『信頼を得る』、『サービスの質の向上』のカテゴリーに構成されるサブカテゴリーをあげることができる。

　これら３つの基本的枠組みのなかで、その基軸に位置づけることができるのが誠意の基本的概念に認められる性格的要素を有する【誠意の本性】の枠組みといえる。【誠意の本性】に該当する各カテゴリーを、基本的概念に認められる性格的要素（純粋性、無私性、真摯性）にあてはめてみると、『決まりを守る』を構成するサブカテゴリーは純粋性に、『利用者主体』を構成する各サブカテゴリーは無私性に、そして、『責任をもつ』と『実行する』を構成する各サブカテゴリーは真摯性に結びつけることができる。

　誠意を形成する基本的枠組みが整理されたうえで、相互の関連性から構造化を試みたものが図6（「サービス事業者が意識する誠意の構造」）であ

図6　サービス事業者が意識する誠意の構造

る。事業者からサービス利用者にむけてサービスが提供される空間のなかで、まず、事業者は誠意を意識化したサービスを提供するうえで【誠意の前提】となる『サービス事業者としてのミッションの自覚』に該当するサブカテゴリーにみられるサービスの使命についての認識を持つこととなる。何のためにサービスを提供するのか、事業者としてサービスを提供することの目的やその方向性を組織全体として認識したうえで、『福祉サービスの固有性の確保』に該当するサブカテゴリーにみられるようなサービスの特性を理解し、その固有性が保たれたなかでの働きかけを行うこととなる。

　次に【誠意の前提】を構成するカテゴリーを踏まえ、【誠意の本性】となる『決まりを守る』、『責任をもつ』、『実行する』、『利用者主体』に該当するサブカテゴリーにかなうサービスを提供することを意識する。そして、これら【誠意の前提】を踏まえ、【誠意の本性】をもってサービスを提供するうえで念頭におかれているものが『信頼を得る』ことや『サービスの質の向上』であり、【誠意の成果】として誠意の形成に作用するという構造を描くことができる。

2．サービスに込められる誠意の特徴

(1) 誠意を表わす側と表わされる側の対象と関係性

　サービスを提供する援助者は事業所・施設に所属し、事業所・施設は社会福祉法人等に帰属する。したがって、援助者は、法人、事業所・施設の管理の下にサービスを提供することとなる。また、顧客としてのサービス利用者は、地域住民がその対象となる。サービス事業者は社会のニーズに即し、地域と密着したサービスを提供することが求められることとなる。

　サービス提供の場面で誠意を表わす主体（誠意をむける立場）は、云うまでもなく事業者側であり、誠意を表わす客体（誠意がむけられる立場）となるのがサービス利用者側である。しかし、両者の関係は、個人対個人あるいは1対1の関係に限定されるものではない。サービスは、援助者と利用者という個人対個人の二者関係を原型としながら、同関係を超えて、援助者→事業所・施設→法人へ、あるいは利用者→家族→地域→社会へと広がりをもって両者が向きあう関係のなかで提供されることとなる。すなわち、サービス提供上に込められる誠意を表わす側は、援助者、事業所・施設、法人であり、表わされる側は、利用者、家族、地域、社会といえる。

(2) 誠意の基本的概念の枠組みから

　先述のとおり、誠意を構成する基本的枠組みの基軸となる【誠意の本性】は、誠意の基本的概念上に認められる性格的要素（純粋性、無私性、真摯性）を含む性格をもつものであることから、ここで、サービス提供上の誠意としての純粋性、無私性、真摯性とは何を意味するのか、生成されたカテゴリーにあてはめてまとめてみることにしたい。

　嘘偽りのない、真実であることを意味する純粋性とは、結びつけられる概念から、サービス事業者の立場として守っておかなければならない決まりごとをしっかりと守り、隠しごとのない透明性が図られたサービスを提供することを意味し、その決まりごととは、コンプライアンスの視点からサービス提供上の基準となる法令を遵守することや利用者個々と結ばれ

た契約を履行すること、隠しごとのない透明性が確保されたサービスとは、情報公開を行い、サービス評価を受けるなどの試みをもって取り組まれていることとなる。

　また、自らを優先させることなく、他者の立場を尊重する無私性とは、サービスをめぐる情報の非対称性やサービス提供上に指摘される事業者の優位性が存在するなかで（関川　2012）[1]、サービス利用者の主体性が尊重されたサービスであることを意味し、利用者のニーズを優先させながら意向を汲みとり、一人ひとりと向きあうサービスをいう。そして、真剣にして熱心に取り組んでいく姿勢を意味する真摯性とは、事業者としての公的存在性を認識し、求められる役割を果たしていく責任感をもって、その実現にむけて目標を立て、計画的に組織が一体となって実行していくことを意味するものとして捉えることができる。

(3) サービスの本質と誠意

　サービスに込められる誠意は、事業者の立場や利用者との関係性などが反映されるものとなる。そして、それは、あくまでもサービスの目的にかない、特性を踏まえて表わされるものでなければならない。心情性の強い誠意の概念においては主観性の問題が指摘され（相良　1980）[2]、誠意をむける存在としての自己にとっては、信念に基づき誠意がむけられる他者のことを思い、配慮し、懸命になったとしても、その方向性がニーズと合致しない場合、弊害をもたらすことになる。

　【誠意の本性】に該当するサブカテゴリーによってサービス利用者等にむけて表わされる誠意が、【誠意の前提】に該当するサブカテゴリーを踏まえていない場合、すなわち、〈人間の尊厳の確保〉や〈生活の質の向上〉にむけられていないものである場合、サービス提供上の誠意としては成り

1)　関川芳孝(2012)「利用者本位への改革はすすんだか」『現代の社会福祉 100 の論点(vol.2)』全国社会福祉協議会，220.
2)　相良　亨（1980）『誠実と日本人』ぺりかん社，135-137.

立たなくなってしまう。社会福祉の根源的な価値規範であり、サービスの基盤となる理念ともいえる人間の尊厳が確保されない、そして、生活の質の向上にむけられていないサービスは社会福祉のサービスとはいえないであろう。サービス提供上の誠意である限り、サービスの理念や目的にかない、その特性に応じたものであることを本調査で得られた構造から理解することができる。

構造性からうかがわれるいま一つの特徴として注目したいのが【誠意の成果】としてあげられる『信頼を得る』である。事業者として誠意を込めたサービスを提供することによって獲得したいものが、利用者・家族からの、さらには地域や社会からの信頼であり、信頼を得ることを視野に入れたなかで誠意が構造化されるものとなっている。

福祉サービスなどヒューマンサービスにおいては「原則として対人的であるために、信用や信頼が、その可否や是非を決定する非常に重要な要素になる」(田尾 2001)[3] といわれている。しかし、フォーマルアプローチとして事業者が利用者にむけてサービスを提供するなど外部サービスの組織的対応において信頼を得ることは、インフォーマルアプローチとして家族や親族が、同じ家族や親族にむけてサービスを提供する場合と比べて容易ではない(宮垣 2003)[4]。社会福祉のサービスの多くが契約制度に移行し、事業者間の競争のなかで提供されるこんにち、社会的不確実性(相手の振る舞いによって自分の身に危険が生じる可能性)が存在することは否定できず、サービス事業者として利用者・家族などからの信頼が得られるか否かはかかわり方しだいともいえよう。信頼の獲得を視野に入れたなかで形成される誠意の構造性から、信頼が得られるかかわり方として誠意の有用性が示唆されよう。

---

3) 田尾雅夫 (2001)『ヒューマン・サービスの経営―超高齢社会を生き抜くために―』白桃書房, 6.
4) 宮垣 元 (2003)『ヒューマンサービスと信頼』慶應義塾大学出版会, 79–111.

注

1) 関川芳孝（2012）「利用者本位への改革はすすんだか」『現代の社会福祉100の論点（vol.2）』全国社会福祉協議会，220.

2) 相良　亨（1980）『誠実と日本人』ぺりかん社，135-137.

3) 田尾雅夫（2001）『ヒューマン・サービスの経営─超高齢社会を生き抜くために─』白桃書房，6.

4) 宮垣　元（2003）『ヒューマンサービスと信頼』慶應義塾大学出版会，79-111.

第6章 ▣

【調査3】

苦情を通して表出される
「誠意のなさ」への批判

◀ 第1節　調査の目的と方法

1．調査の目的

　人は人に対して誠意を求め、誠意が感じられるときにその人を肯定的に受け止めることができる。他方、誠意が感じられないとき、その人は誠意のない人として否定的に受け止められることになってしまう。筆者の介護保険サービス苦情処理委員としての業務経験から苦情申立人の多くに「誠意が感じられないから苦情にしました」というように、サービス事業者に対する誠意のなさへの批判がむけられるものであった。

　福祉サービス提供上の場面ではないが、吉田（1993）[1] は紛争事例を通して紛争解決交渉の時間的経過に即して誠意の内容を「期待としての誠意」、「自責としての誠意」、「要求としての誠意」、「応答としての誠意」、「非難としての誠意」、「弁明としての誠意」の6つに類型化し、仮説的に論じている。吉田の指摘は加害者と被害者という関係性からなる紛争場面において社会的規範となる誠意の価値が大きく影響すること、そして、誠意の意味づけが時間的経過とともに変容することを示唆する。サービス提供上に発生する苦情においても吉田がとりあげる紛争場面に類似した誠意の変容性をうかがうことができるのではないだろうか。

　「誠意のなさ」への批判として表出される苦情申立てにおいて申立人は事業者のどのような対応などに対して誠意のなさを感じたのか。吉田の先行研究を踏まえたうえで調査3では介護保険サービス提供上に発生した苦情申立てにおいて申立てに至るまでの経緯をたどりながら申立人が受け止めるサービス利用上の誠意とは何かについて明らかにする。

1）吉田　勇（1993）「『誠意』規範研究序説　―三つの紛争類型を中心として―」『法政研究（59）』九州大学，521-578.

２．調査対象者と調査方法

　調査目的に基づきこれまでに介護保険サービス利用においてサービス事業者に対して「誠意が感じられなかったから苦情にしました」のように誠意という言葉を用いて苦情申立てを行った申立人を調査対象者とした。同対象に該当する者としてこれまでの苦情処理委員としての筆者とのかかわりや所属する苦情申立て機関（国民健康保険団体連合会）の協力を得て選定し、８名から協力を得ることができた。

　調査対象者に対して筆者が 2017 年 8 月から 2017 年 10 月までの期間に個別にインタビュー調査を行った。インタビュー調査の方法は誠意の言葉の意味する内容を幅広く聞き取るために半構造化面接法を用いた。質問内容はサービス利用においてサービス事業者に求めていた誠意とは何かについて自由に語ってもらった。インタビュー調査の時間は一人あたり 60 分程度とした。なお、調査対象者 8 名の基本的属性として、サービス利用者本人 2 名、サービス利用者の家族 6 名、性別について男性 2 名、女性 6 名、サービス利用種別について訪問系サービス（訪問介護など）3 名、短期入所系サービス（短期入所生活介護など）3 名、通所系サービス（通所生活介護など）2 名である。また、苦情申立て内容については事故など損害 4 名、職員や事業者としての対応 3 名、契約相違 1 名である。

３．分析方法

　得られたデータについては次のような手続きにより質的・機能的分析を行った。まず、インタビュー調査の内容をボイスレコーダーに録音し、逐語録を作成した。次に作成した逐語録を繰り返し読み、意味内容が損なわれないように整理した。そして、サービス利用上に苦情申立人が受け止める誠意に該当する語りの部分を抽出し、特徴や意味内容が類似するものを集め、その内容や性質を表わす表題を付けたサブカテゴリーを生成した。さらにサブカテゴリー間で内容の類似したものを集め、類似性と異質性に

着目して、分類、統合化したカテゴリーを生成した。同様の作業をカテゴリー間でも行い、コアカテゴリーを生成した。

　以上のような手続きにより生成されたカテゴリーは、サービスを利用する以前から苦情申立てに至るまでの範囲のなかで時間的経過をたどりながら変容する誠意の性格がうかがわれたため、その変容性について構造化し、作図することとした。なお、これら一連の分析作業は筆者とともに質的研究を経験した研究者複数で行い、客観性を担保することとした。

4. 倫理的配慮

　調査にあたっては調査対象者が申立てを行った苦情処理機関に対して承諾を得たのち同機関の協力を仰ぎながら調査対象者を選定し、同対象者に対して調査の目的、方法、データ保存と破棄、データ処理方法などについて説明するとともに、調査協力の任意性、撤回の自由、調査協力に伴う利益と不利益、調査結果の公表に際しては個人名、地域名など特定しないことなどの説明を行い、同意を得た。

◀ 第2節　誠意の変容を構成するカテゴリーの生成

　得られたデータについて先の手続きに基づき分析した結果、24のサブカテゴリーと11のカテゴリーが生成された（表3「苦情事例におけるサービス利用上の誠意の変容に作用した要素」）。これらのカテゴリーはサービスが提供される以前からサービス提供以降の場面の長期にわたり時間的経過とともに変遷し、誠意にかかわる含意を変えてくことが明らかになった。そこで含意の変化が認められる区切りとして5つのコアカテゴリーを設定した。以下、コアカテゴリーを【　】、カテゴリーを『　』、サブカテゴリーを〈　〉、インタビュー内の発言内容を「　」で示す。さらに、カテゴリー、コアカテゴリーの関係性をまとめた図を作成した（図7「苦情事例におけるサービス利用上の誠意の変容過程」）。同図のように設定された5つのコアカテゴリーは【誠意の期待】【誠意の要求】【誠意への疑念】【誠意の否定】【誠意のなさへの批判】の順に変遷し、意味づけられる。

1．誠意の期待

　サービス提供が開始される以前の正式な契約が結ばれていない段階においてサービスに寄せられる期待がうかがわれた。その期待とは『共感的な態度』をもって『親身的なかかわり』をしてもらえるというものであった。【誠意の期待】は、これらの期待をもってサービス提供にむけての誠意を求めるものであった。

　『共感的な態度』は、「私たちの抱いている気持ちを汲み取って何を求めているのかをちゃんと聞いてくれる」など〈意思や意向の尊重〉と、「介護はやった人しかその大変さは分からないと思っています。だけど、職員さんたちは同じ立場で同じ気持ちになってくれる」など〈感情の共有〉のサブカテゴリーから構成されるカテゴリーである。また、『親身的なかかわり』は、「やさしい言葉や態度で接してくれるし、家族のように温かく

表3 苦情事例におけるサービス利用上の誠意の変容に作用した要素

コアカテゴリー	カテゴリー	サブカテゴリー
【誠意の期待】	『共感的な態度』	〈意思や意向の尊重〉
		〈感情の共有〉
	『親身的なかかわり』	〈親切で思いやりがある〉
		〈真剣に向き合ってくれる〉
		〈頼りになる存在〉
【誠意の要求】	『契約に基づくサービスの提供』	〈サービスを利用する権利の成立〉
		〈サービスを提供する責任の明確性〉
		〈サービスの確実な実行〉
	『専門的なサービスの提供』	〈制度に基づく公的な支援〉
		〈有資格者による技術的な支援〉
	『組織的なサービスの提供』	〈職員間で連携・協力した支援〉
		〈継続性のある安定的な支援〉
【誠意への疑念】	『期待したものと実際のズレ』	〈機械的なかかわり〉
		〈コミュニケーションの乏しさ〉
	『バラバラでまとまりがない』	〈情報が共有できていない〉
		〈連絡や報告がない〉
【誠意の否定】	『不満の拡大と深化』	〈マンネリ化したサービス〉
		〈事故などトラブルの発生〉
	『不満の表出と否定的な反応』	〈不満を示すことへの抵抗感〉
		〈不満表出に対するネガティブな反応〉
【誠意のなさへの批判】	『事業者本位の姿勢』	〈建前と本音の使い分け〉
		〈自己擁護と弁明〉
	『責任感の欠如』	〈うやむやな謝罪〉
		〈曖昧な責任の所在と取り方〉
		〈責任追及としての苦情申し立て〉

図7 苦情事例におけるサービス利用上の誠意の変容過程

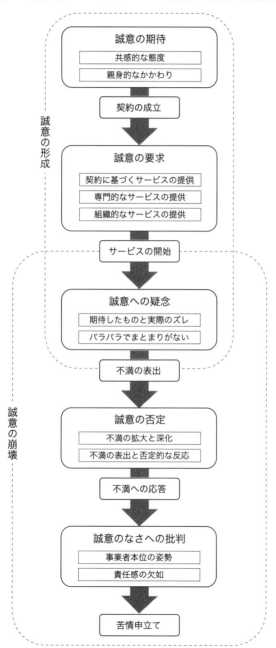

してくれる」など〈親切で思いやりがある〉と、「相手の身になって一生懸命に尽くしてくれる」など〈真剣に向き合ってくれる〉および「心強く、安心できる人たちであると思っていたし、困っていることを助けてくれる存在という気持ちをもっていました」など〈頼りになる存在〉の3つのサブカテゴリーから構成されるカテゴリーである。介護に直面する家族においてはさまざまなストレスを抱え、孤独感や不安を抱いていることが報告されているが（袖井 2008[2]，江口 2011[3]）、【誠意の期待】は、その思いや立場を理解し、ともに支えてくれる関係性や役割を提供されるサービスに期待することをもって形成される誠意といえる。

2．誠意の要求

【誠意の要求】も前段階に位置する【誠意の期待】に同じくサービスが提供される以前の段階に生成されたカテゴリーあるが、サービス提供上に義務付けられているサービス事業者と利用者・家族による契約を結んだ直後に形成された誠意の捉え方である。

介護保険においてはサービス提供に際し、あらかじめ利用申込者や家族に対して事業所・施設ごとに当該事業の運営についての重要事項、勤務の体制、その他利用申込者のサービスの選択に資すると認められる事項を記した文書を交付して説明を行い、同意を得なければならないことになっている（「指定居宅サービス等の事業の人員、設備及び運営に関する基準」厚生労働省令）[4]。このような契約を結ぶことによってサービス利用者・家族はそれまでに抱いていたぼんやりとしたサービスに対するイメージが

2）袖井孝子（2008）「家族介護は軽減されたか」上野千鶴子・大熊由紀子・大沢真理・神野正彦・副田義也編『家族のケア家族へのケア』岩波書店，135-153.

3）江口賀子「家庭における高齢者介護と虐待」倉田康路・滝口　真監修（2011）『高齢者虐待を防げ　─家庭・施設・地域での取組み─』法律文化社，26-34.

4）厚生労働省令「指定居宅サービス等の人員、設備及び運営に関する基準」（平成11.3.31，厚令37）.

具体化されることになる。

　正式な手続きをもって契約が成立したことにより『契約に基づくサービスの提供』が受けられることになるが、それは利用者の立場からして〈サービスを利用する権利の成立〉とともにサービス提供者においては〈サービスを提供する責任の明確性〉を意味するものとして捉えられ、したがって、契約された〈サービスの確実な実行〉が要求されることになる。

　『契約に基づくサービスの提供』は『専門的なサービスの提供』や『組織的なサービスの提供』のカテゴリーとも結びつくものであり、『専門的なサービスの提供』は「法制度で決められたサービスを行政が認めた事業者によって提供してくれる」など〈制度に基づく公的な支援〉や「ホームヘルパーや介護、福祉の資格をもっている人たちがプロとして専門的な技術を提供してくれる」など〈有資格者による技術的な支援〉のサブカテゴリーから、『組織的なサービスの提供』は「たくさんの職員さんたちがみんなで協力しながらやってくれる」など〈職員間で連携・協力した支援〉や「1回きりではなく、毎週、続けてサービスが受けられることになった」など〈継続性のある安定的な支援〉のサブカテゴリーから構成される。

　このような概念から生成される【誠意の要求】においてはサービス利用にむけて、誰から、どのような支援が受けられるのかが明確となり、また、家族による支援とは異なり、専門職による専門性の高い支援であることを認識することとなる。そのようなサービスを利用することができること、あるいは、そのようなサービスを事業者には提供してもらわなければならないという要求レベルをもってサービス提供上に誠意が求められることになる。

3．誠意への疑念

　【誠意への疑念】は、サービスが開始されて以降のサービス提供場面へと移行したなかで生成された誠意の含意である。サービス提供以前に生成された【誠意の期待】と【誠意の要求】を基準に求められていたサービス

に込められる誠意に対して、実際に提供されているサービスと比較してズレが生じ、事業者に対して疑いを抱いていくのが【誠意への疑念】である。

　【誠意への疑念】は、『期待したものと実際のズレ』と『バラバラでまとまりがない』のカテゴリーから構成される。『期待したものと実際のズレ』は、【誠意への期待】において構成されているカテゴリー『共感的な態度』と『親身的なかかわり』に該当するサービス提供に求められていた誠意への期待に対する実際のサービス提供者の態度やかかわり方との落差を意味するものである。

　福祉サービスを含めてヒューマンサービスの特性の一つにサービスの連続性やサービスエンカウンターの長大性があげられるが（島津　2005[5)]，浦野　2017[6)]）、サービス提供者は同じ対象者や複数の対象者に対して、毎週、毎日のように継続したサービスを長期間にわたり提供することが一般的である。そのなかで同じ業務の繰り返しになる傾向がうかがわれ、マンネリ化した支援になることが危惧される。『期待したものと実際のズレ』は「あまり気持ちが篭っていないようなサービスが続けられていたし、決められたことを決められたように繰り返されてしまっている感じがしました」など〈機械的なかかわり〉、また、「作業的なかかわりというような職員の方たちがあまりしゃべらないから何を考えているのかがよく分からなかったし、親しみを感じることができませんでした」など〈コミュニケーションの乏しさ〉のサブカテゴリーから構成される。福祉サービスにおいては生産と消費の不可分性（同時性）から提供者と利用者との相互作用の場が必要となるなかで、〈コミュニケーションの乏しさ〉は両者の相互作用を阻害するものとなって作用する。

　【誠意への疑念】を構成するもう一つのカテゴリー『バラバラでまとまりがない』はサービス提供組織としての統一性に欠ける状況を示唆するも

5）島津　淳（2005）『医療の質と患者満足　―サービス・マーケティング・アプローチ―』千倉書房，23.

6）浦野正男（2017）「サービスマネジメント」『福祉サービスの組織と経営』中央法規，127.

ので、「伝えていたことが伝わっていなくて、そのことを指摘してもやはりあまり伝わっていないような感じでした」など〈情報が共有できていない〉、「連絡がないんです。職員の人が替わるときとか、訪問してくれる時間のことなども、私たちは知っているものと思われていたのか、知らせる必要がないと思われていたのか分かりませんが」など〈連絡や報告がない〉のサブカテゴリーから構成される。

4．誠意の否定

　提供されるサービスが前段階で生成された【誠意への疑念】にあげられるような内容で変わらぬまま継続されるなかでサービス利用者・家族のサービス提供者に対する不満感情が拡大し（『不満の拡大と深化』）、同感情を表出するも事業者の反応が否定的であることから（『不満の表出と否定的な反応』）、それまでに求めていた誠意が打ち消されてしまうのが【誠意の否定】である。同カテゴリーを構成する『不満の拡大と深化』は〈マンネリ化したサービス〉と〈事故などトラブルの発生〉、『不満の表出と否定的な反応』は〈不満を示すことへの抵抗感〉と〈不満表出に対するネガティブな反応〉のサブカテゴリーから構成される。

　サービス利用者・家族は『不満の拡大と深化』するなかで『不満の表出と否定的な反応』に至ることになるが、不満表出の契機となるのが「最初はお互いの関係に慣れていないからと思っていましたが時間が経っていっても職員さんたちの態度はあまり変わらず、変化のないものでした」など一向に変わらない〈マンネリ化したサービス〉において徐々に不満感情が蓄積されて表出される場合と、「（不満を感じているなかで）そんな時に事故が起きたんです。そんな感じで介護をやっていたら事故も起きるだろうと思いますよ。それで不満をいったんです」など〈事故などトラブルの発生〉により表出される場合があげられる。

　サービス利用者・家族の立場から事業者にむけて不満を示すことは「私たちはお世話になっている立場から職員さんたちに面と向かって不満をい

うことは大変いい難いものでしたし、堂々といえるものではありません」のように抵抗感を伴うものであった〈不満を示すことへの抵抗感〉。また、不満表出の仕方も一様ではなく、直接的な場合と間接的な場合、比較的に強く指摘する場合と軽く指摘する場合などさまざまな形態が回答からうかがわれた。

　しかし、不満表出後のサービス提供者側の反応は「せっかく（不満の）気持ちを伝えてもそれを受け止めてくれるような対応はしてもらえませんでした。事業所の反応が鈍く、こちらが期待するようなものではありませんでした」のように期待するようなものではなく、落胆することになる〈不満表出に対するネガティブな反応〉。このような事業者側の反応は、利用者・家族からしてもともとに抱いていた不満に加えて不満表出に対する反応に対する不満が積み重なる二重の不満となり、前段階で抱いていた疑いのレベルの誠意から否定のレベルへの誠意へと含意を移行させることになる。

5．誠意のなさへの批判

　期待し、要求していたサービス提供上の誠意が否定されるなかで利用者・家族の事業者に対する感情は怒りのレベルに達し、責任を問い、追及する行動に発展していく。この場面において利用者・家族が捉えるサービス提供上の誠意は、求める対象としての誠意ではなく、批判の対象となる「誠意のなさ」へと変容する。生成された【誠意のなさへの批判】は『事業者本位の姿勢』と『責任感の欠如』のカテゴリーから構成される。

　『事業者本位の姿勢』は、不満表出に対して「表面上は申し訳ないような言い方をしていましたが、本当のところはどうなのかわかりませんでしたし、（不満を表出した）その後に変化はみられませんでしたので本音は違ったと思いますよ」など〈建前と本音の使い分け〉、「自分たちの言い訳ばかりで改善しようとする姿勢はみられませんでした。自分たちとしてはこうしているとか、うちではそうするようになっているとかということばかりでした」など〈自己擁護と弁明〉のサブカテゴリーから構成される。

　また、『責任感の欠如』は、事故などトラブルの発生後の対応について「謝罪が心のこもらない謝罪でした。謝罪が謝罪になってはいませんでした」など〈うやむやな謝罪〉と、「だれが責任を取るのか、だれが責任者なのかがまったく分かりませんでした。責任の取り方が曖昧でしたし、見えてきませんでした」など〈曖昧な責任の所在と取り方〉の各サブカテゴリーおよびこれらのサブカテゴリーから行動づけられる〈責任追及としての苦情申立て〉のサブカテゴリーから構成される。

　〈うやむやな謝罪〉や〈曖昧な責任の所在と取り方〉によりサービス提供者に対する批判の感情は極まり、「苦情までは考えていませんでしたが、それまでの相手の態度や対応に誠意が感じられなかったので最終的に苦情の申立てをしました」など〈責任追及としての苦情申立て〉へと至り、誠意のなさへの批判をかたちに表わして追及する行動をとることになる。

◀ **第3節　苦情に表わされる誠意変容の構造**

1．誠意の変容過程

　【誠意の期待】【誠意の要求】【誠意への疑念】【誠意の否定】【誠意のなさへの批判】と変遷する誠意の含意においては、誠意を形成する過程と誠意を崩壊させる過程に分けることができよう。サービスが提供される以前の段階に該当する【誠意の期待】【誠意の要求】の場面では、利用者・家族としてサービス提供上に込められているであろう誠意を期待し、思い浮かべ、また、契約により具体化し、確認することにより誠意の形成を図るものとなっている。しかし、サービスが提供されて以降の段階に該当する【誠意への疑念】を経たうえでの、特に【誠意の否定】【誠意のなさへの批判】の場面では、サービス提供者の態度、姿勢、対応に対してサービス提供上に込められていると思われていた誠意が打ち消され、崩れていく誠意の崩壊をたどることになる。なお、【誠意への疑念】の場面は、誠意を求め、誠意が形づくられていく過程にもあり、同時に、形づくられていた誠意のイメージが崩されていく過程にも該当する誠意の形成と誠意の崩壊が重なり合う性格を有するものといえよう。

　このように時間的経過をたどりながら誠意の含意が変容していくことについては、先の吉田（1993）[7] がとりあげる訴訟を伴う紛争事例においても同様に指摘されており、被害者は加害者に対して解決にむけての誠意を期待し、加害者は期待される誠意にどう応答していくのか相互に影響しあいながら構造化されるとされている。調査3で対象としている誠意についても苦情申立てのあったサービス提供のケースを取りあげていることから紛争事例と類似する誠意の含意の変容性をうかがうことができる。

7）吉田　勇「前掲」1）521-578.

２．誠意を構成する性格的要素

　生成されたカテゴリーに基づきサービス提供上の時間的経過のなかで誠意を形成していく過程、そして、崩壊させていく過程を連動させながら誠意の性格を構成する要素について集約していくと次のものがあげられる。

　①【誠意の期待】を構成するカテゴリーやサブカテゴリーおよび【誠意のなさへの批判】における『事業者主体の姿勢』を構成するサブカテゴリーなどから利用者・家族の立場を理解し、思いを受け止め、意向を尊重したサービス（利用者主体性）、②【誠意の要求】における『組織的なサービスの提供』や【誠意への疑念】における『バラバラでまとまりがない』を構成するサブカテゴリーなどから職員相互に連携・協働しながら組織全体として統一化されたサービス（統一性）、③【誠意の要求】における『専門的なサービスの提供』や【誠意への疑念】における『期待したものと実際のズレ』、【誠意への否定】における『不満拡大と深化』を構成するサブカテゴリーなどからニーズに即して専門的知識・技術をもって提供されるサービス（専門性）、④【誠意のなさへの批判】における『責任感の欠如』や【誠意の要求】における『契約に基づくサービスの提供』を構成するサブカテゴリーなどから責任をもって対応することができるサービス（責任性）、⑤【誠意の要求】における『契約に基づくサービスの提供』を構成するサブカテゴリーなどから契約に基づき確実に実行されるサービス（実行性）。

　以上に集約される①利用者主体性、②専門性、③統一性、④責任性、⑤実行性の性格的要素からサービス事業者に求められているサービス提供上の誠意の概念をまとめるとすると「利用者・家族の立場を理解し、思いを受け止め、意向を尊重したサービスを（利用者主体性）、一人ひとりのニーズに即して専門的知識・技術をもって（専門性）、職員相互に連携・協働しながら組織全体として統一化されたなかで提供し（統一性）、責任をもって（責任性）実行すること（実行性）」となる。このように誠意を概念化した場合、サービス提供場面における事業者に求められる誠意は、単

に主観的・情緒的な性格をもつだけではなく、社会的な規範観念としての性格や社会福祉の専門性を含めた性格をもつものであることがわかる。

社会的規範とは、社会の構成員に理解・共有された、場合によっては法的な強制力を伴うルールや基準であり（Cialdini & Trost, 1998）[8]、私たちが社会生活を営むうえで要求されているものであるといえる。すなわち、当事者間だけでの捉え方ではなく、社会一般的に求められる規律といえる。誠意の特性としてあげられている責任性や実行性については社会規範としての性格をもち、公的制度の枠組みのなかで契約に基づき提供されるサービスにおいて事業者が責任をもって確実に実行することは社会一般として認識されることであろう。そして、それは法令、規則、契約が守られたサービスというレベルに止まらず、社会の常識や良識のレベル、いわばコンプライアンスの視点から求められるものといえよう。誠意の社会規範的性格については吉田（1996）[9]も指摘するものであり、契約交渉、話し合いの過程などにおいて働くものとしている。また、先にあげられた誠意の性格的要素としての専門性、利用者主体性、統一性については福祉サービスを提供し、専門職としての職務を遂行するうえで当然に要求されるものといえる。

3．実践上への示唆

社会福祉実践上への示唆として誠意の崩壊につながらないようにするための視点から検討してみたい。まずは、事業者においては利用者・家族の意向や期待を正確に把握すること、また、利用者・家族においては提供されるサービスを正確に理解してもらうことが大切になろう。有形製品を販

8) Cialdini, R.B. and Trost, M R. (1998) Social Influence:Social Norms, Conformity and Compliance, Gilbert, D., Fiske, S.T. and Lindzey, G. eds. The Handbook of Social Psychology, Oxford University Press, 151-192.
9) 吉田 勇（1996）「社会規範としての『誠意』について」『法社会学』48，有斐閣，199-244.

売する業務とは異なり、無形性のサービスを提供する福祉サービスなどヒューマンサービスの場合、顧客であるサービス利用者・家族の期待するサービスの中身は明確とはいえない（島津　2005）[10]。したがって、事業者としてもどのようなサービスを提供したらよいのかという見通しを立てにくくさせるといわれている。

　事業者にとっては利用者・家族の期待をどれだけ正確に把握するかが重要になるわけであるが、その期待を把握する場面として有効に活かされるのがサービス提供前に設定されているサービス計画作成時、とりわけアセスメントの場面であろう。介護保険サービスにおいては利用者の日常生活全般の状況および希望を踏まえたサービス計画の作成が当該事業者に義務づけられている。利用者・家族の期待を如何にして同場面で正確に把握することができるかはその後に提供されるサービスに大きく影響しよう。また、説明と同意の手続きによる契約締結の場面も利用者・家族においては提供されるサービスを正確に理解してもらうことにつながるものといえる。過大にも過少にもならないよう現実として提供されるサービスについて具体的に説明し、納得してもらうという手続きを丁寧にすすめていくことが大切になろう。

　次に、誠意の崩壊を防止するための取り組みとして統一性の強化をあげておきたい。先にも指摘したように統一性が確保されていないサービスの提供は誠意の崩壊につながる要因となって作用している。統一性が図られない状態に陥るリスクは、連続し、継続させながら、同職種や多職種との連携によって提供される福祉サービスの場合、また、とりわけ、人材の確保が容易ではない今日の福祉業界においては、人材が固定化されず、入れ替わりの激しい状況のなかで発生しやすいものといえよう。

　統一性の確保にむけてはマクロの視点からは組織としての管理体制を図り、ガバナンスを強化していくこと、そのためには組織としての存在意義

---

10)　島津　淳「前掲」5) 22.

やミッション、サービス提供上の理念や目標、それぞれの役割などについて構成メンバー全員が確認し、認識できるような取り組みを展開すること、また、ミクロの視点からは職員間での情報共有が図られるシステムとしてのカンファレンス、ミーティング、マニュアル、記録化などによって実施していくことが有効であると考えられる。

　さらに、責任性を明確にしたサービスの提供にむけた取り組みの重要性をあげておきたい。本調査の結果からサービス提供上に求められている責任性とは、日常的に提供されているサービスがコンプライアンスに叶うレベルであることとともに、責任が問われる場面における対応の仕方についての適切性であるといえる。責任が問われる場面とは、事故などが発生した場面や利用者・家族からサービス提供上にかかわる不満が表明された後の場面などである。責任が問われる場面での事業者の対応は同時に誠意が問われる場面となっており、以降の当事者間の関係に大きな影響を及ぼすものとなって作用している。

　調査対象であった苦情申立てに至ったサービス提供の場合、同場面での事業者としての対応が期待するようなものではなかったことにより、利用者・家族が捉えるサービス提供上の誠意は、求める対象としての誠意から、批判の対象としての「誠意のなさ」へと変容することになったといえる。事故発生などの場合、サービス利用者と提供者という関係は事故の被害者と加害者という関係へと転化し、被害者に対する加害者の対応はより誠意が求められることとなる。その対応に誠意が感じられなければそれまでに築かれた関係性は崩れ、敵対関係へと移行することになる。したがって、責任が問われる場面においては、組織としての責任の所在を明確にし、迅速に対応することが極めて大切であるといえよう。

注

1) 吉田　勇（1993）「『誠意』規範研究序説　—三つの紛争類型を中心として—」『法政研究（59）』九州大学，521-578.

2) 袖井孝子（2008）「家族介護は軽減されたか」上野千鶴子・大熊由紀子・大沢真理・神野正彦・副田義也編『家族のケア家族へのケア』岩波書店，135-153.

3) 江口賀子「家庭における高齢者介護と虐待」倉田康路・滝口　真監修（2011）『高齢者虐待を防げ　—家庭・施設・地域での取組み—』法律文化社，26-34.

4) 厚生労働省令「指定居宅サービス等の人員、設備及び運営に関する基準」（平成11.3.31，厚令37）.

5) 島津　淳（2005）『医療の質と患者満足　—サービス・マーケティング・アプローチ—』千倉書房，23.

6) 浦野正男（2017）「サービスマネジメント」『福祉サービスの組織と経営』中央法規，127.

7) 吉田　勇「前掲」1) 521-578.

8) Cialdini, R.B. and Trost, M R. (1998) Social Influence:Social Norms, Conformity and Compliance, Gilbert, D., Fiske, S.T. and Lindzey, G. eds. The Handbook of Social Psychology, Oxford University Press, 151-192.

9) 吉田　勇（1996）「社会規範としての『誠意』について」『法社会学』48, 有斐閣，199-244.

10) 島津　淳「前掲」5) 22.

第7章 ■

【調査4】
苦情事例に基づくサービス提供上の
「誠意」の崩壊

◀ 第1節 調査の目的と方法

1．調査の目的

　介護保険サービス苦情申立人を対象に実施したインタビュー調査（調査3）から、誠意の含意は、期待、要求、疑念、否定、批判へと時間的経過のなかで変容していくものであった。サービス利用者・家族は事業者に対して、誠意を期待し（「誠意の期待」）、要求する（「誠意の要求」）という誠意を形成する過程を経て、サービス開始以降、期待し、要求していたサービスとの違いや事業者の対応に対して、疑念を抱き（「誠意への疑念」）、否定し（「誠意の否定」）、誠意のなさを批判（「誠意のなさへの批判」）するという誠意の崩壊をたどるものとなっている。連続化し、継続化していく福祉サービスにおいて利用者・家族の事業者に対する誠意の受け止め方は、誠意を表わす者（事業者）と誠意を表わされる者（利用者・家族）との関係性のなかで肯定的にも否定的にも変容することが示唆された。

　調査4ではサービス利用上の誠意の変容性に着目し、誠意を形成し、崩壊させていく変容過程においてサービス事業者のどのような行為や対応が作用したのか、実際の苦情申立て事例を対象に分析する。

2．調査の対象と分析方法

(1) 調査の対象

　介護保険サービスの利用過程においてサービス事業者に不満を抱き、苦情申立て機関（国民健康保険団体連合会）に申立てのあった 20 の事例を調査の対象とした。同事例はすべて「誠意が感じられなかったので苦情にしました」のように苦情申立において誠意との関連が認められるものであり、筆者が苦情処理委員としてかかわったものである。

(2) 分析の視点と枠組み

　調査対象となる事例の具体的内容（苦情申立ての内容や苦情処理機関からの指導・助言の内容など）について誠意変容の5つの段階（「誠意の期待」「誠意の要求」「誠意への疑念」「誠意の否定」「誠意のなさへの批判」）にあてはめ、該当するサービス事業者の対応や利用者・家族の受け止め方などを抽出し、分類した（図8「分析の枠組み」）。

図8　分析の枠組み

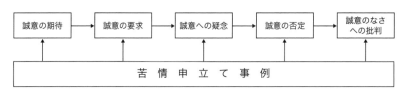

　5つの枠組みに分類された内容については、枠組みごとに特徴を明らかにするとともに、同枠組みは大きく誠意を形成する枠組みと誠意が崩壊される枠組みに分けることができることからそれぞれの視点から考察を試みた。

(3) 倫理的配慮

　分析の対象とした事例はすべて当事者となる苦情申立人の承諾のうえで公表されており、具体的な人物や機関などが特定できないように処理されている。そのうえで同事例の分析にあたっては当該苦情申立て機関である国民健康保険団体連合会の承諾を得ることとした。

◀ 第2節　誠意崩壊に至る段階別要因の抽出

　調査対象とした20事例から、分析枠組みに従い、「誠意の期待」「誠意の要求」「誠意への疑念」「誠意の否定」「誠意のなさへの批判」の5つの段階に該当する内容（サービス事業者の対応や利用者・家族の受け止め方など）を抽出、整理した結果は次のとおりである（表4「誠意の変容過程別にまとめた苦情事例」）。

1．誠意の期待

　「誠意の期待」は、サービス利用にむけて事業者に寄せられる共感的な態度や親身的かかわりなどをもって形成される誠意への期待である。分析結果から、期待される誠意の内容としては大きく4つに分類することができた。

　一つ目として「訪問介護では希望する家事援助をやってくれる」（事例1）、「希望するヘルパーに来てもらえる」（事例2）、「訪問入浴の時間は（利用者の）都合に合わせてくれる」（事例4）、「居室の温度調整などは希望に応じてくれる」（事例8）、「施設は家族の要望を聞き入れたケアを行ってくれる」（事例16）、「施設入所の場合でも希望する医療機関に通院できる」（事例17）など、事業者は利用者・家族の意思や意向を聞き入れ、尊重してくれるという誠意への期待があげられる。

　二つ目として「ホームヘルパーは丁寧な言葉遣いをして接してくれる」（事例3）、「職員の言葉は丁寧でやさしく接してくれる」（事例11）、「職員は入所者や家族に対して思いやり、丁寧な言葉で接してくれる」（事例20）など、事業者は親切で思いやりがあるという誠意への期待があげられる。

　三つ目として「事故が発生した場合、適切な対応をしてくれる」「事故発生時は、適切な対応とともに家族に速やかな報告があり、詳しい説明をしてくれる」（事例6、7、9、13、14、15、19）、「食事などの際は心身状

況に配慮された介助をしてくれる」（事例10）、「入浴時、安全に配慮された介助をしてくれる」（事例13）、「施設に過失がある場合、しかるべき責任をとってくれる」（事例18）など、事業者は頼りになる存在として、責任をもって対応してくれるという誠意への期待があげられる。

　四つ目として「利用者の体調の変化に気をつけて対応してくれる」（事例12）、「認知症の行動障害などに対しては尊厳をもった対応をしてくれる」（事例14）など、事業者は真剣に向き合ってくれるという誠意への期待があげられる。

２．誠意の要求

　「誠意の要求」は、サービス利用上に必要となる手続きとしてシステム化されている契約などによって形成される誠意の捉え方である。前段階で形成された「誠意の期待」を踏まえ、利用者・家族は正式な手続きをとることなどによって事業者に対して誠意を要求する立場を確保することになる。

　分析結果から、まず、前段階の期待する誠意から本段階の要求する誠意へと移行する契機となって作用した要因として、すべての事例ともに事業者と利用者・家族による契約の締結をあげることができる。分析対象の事例は介護保険サービスであることから制度上に契約手続きが義務づけられ、サービス提供の開始について利用申込者の同意を得なければならないこととされている。契約時に利用申込者に対して交付が義務付けられている重要事項については、「重要事項のなかに事故対応と保証について明記されている」（事例7、9、13、15、18）など、特に事故発生に関して責任をもって対応してもらえるという確信が重要事項を通して得られ、誠意の要求につながるものとなっていることがうかがわれる

　また、「要覧に『思いやり』などの理念が書かれている」（事例3）、「利用者の意向の尊重は要覧になどにも書かれている」（事例8）、「医療体制の整備が要覧などにも書かれている」（事例10）、「認知症ケアについては

表4 誠意の変容過程別にまとめた苦情事例（1／3）

	誠意の期待	誠意の要求
事例1	ホームヘルパーの訪問回数や時間はケアプランどおりに実行してもらえる。派遣されるヘルパーは希望する家事援助をやってくれる。	契約が結ばれ、ケアプランが策定されたので事業者はこれらに基づいたサービスを提供してくれる。
事例2	訪問介護ではホームヘルパーの指名ができ、自分にあったヘルパーに来てもらうことができる。	契約を結んだことにより、事業者は希望に応じ、適切なサービスを提供してくれる。
事例3	ホームヘルパーは丁寧な言葉遣いをして接してくれる。食事の後片付けも丁寧にやってくれる。	契約を結んだことにより事業者は適切なサービスを提供してくれる。要覧に「思いやり」などの理念が書かれている。
事例4	訪問入浴の時間は利用者の都合に合わせて調整してもらえる。訪問入浴の際にはシーツ交換をしてもらえる。	時間調整について了解してもらい契約を結んだので、事業者は契約どおりのサービスを提供してくれる。
事例5	利用しているサービスの内容等に関しての情報は開示してもらえる。契約解除は、正当な理由によって十分な説明があったうえで行われる。	意向をしっかりと伝えたうえで契約したので、事業者は意向を尊重したサービスを提供してくれる。
事例6	心身状況に応じたサービスを提供してくれる。事故が発生した場合、事故の状況や原因など十分な説明が行われ、謝罪をしてもらえる。	認知症の症状や気を付けておいてもらいたいことなどを伝えたうえで契約を行ったので事業者はそのことに配慮したサービスを提供してくれる。
事例7	事故が発生した場合、速やかに適切な対応をしてくれる。また、事故の状況や原因など十分な説明をしてくれる。契約解除の場合、十分な説明があり、納得したうえで行われる。	ケアプランに基づき認知症の症状に応じたサービスを提供してくれる。重要事項のなかにも事故対応と保証について明記されている。

誠意への疑念	誠意の否定	誠意のなさへの批判
朝の訪問介護は実施されるが、夕方には実施されないことがある。希望する家事援助も断られる。契約時に聞いていた内容とは違う。	夕方の訪問介護がほとんど受けられない状態が続く。事業者に不満を示したが曖昧な回答しかない。	事業者から「聞いていない」「説明はしていない」などの言い訳ばかりが返ってきた。
派遣されるホームヘルパーの違いよって大きな差がある。ヘルパーによってやってもらえることが違う。	希望するホームヘルパーの指名をするが断られる。「わがままいわないでください」と事業者からいわれた。ヘルパーの格差は改善されないままである。	事業者から「ホームヘルパーの派遣を中止しますよ」といわれた。
派遣されるヘルパーの言葉遣いが荒く、威圧的である。食事の後片付けが丁寧ではない。	ホームヘルパーの態度について不満をいうが改善してもらえなかった。改善できない説明もない。	不満への対応に納得できない。事業者に問題を認識する意識が感じられない。改善する気持ちが認められない。
訪問日時を調整してもらえない。訪問入浴の際のシーツ交換に多くの時間がかかってしまい、予定された時間内では終らない。	多くの訪問入浴の日時が事業者の都合だけで決められてしまう。シーツ交換に時間がかかるので訪問入浴とは別に訪問看護のサービスとして利用するようにいわれた。	契約とは違う内容になっていると苦情をいうが聞いてもらえなかった。
伝えておいた意向が職員全員に伝わっていない。職員間に格差がある。	情報開示を要求したが断られた。サービス管理者から不快な発言を受けた。	サービスが一方的に中断されてしまった。契約の解除が通告された。
気を付けておいてもらいたいことが伝わっておらず、事故が発生した。	事故発生時の状況や原因についての説明が曖昧で不十分である。謝罪らしい謝罪がない。	事故についての説明に納得できないので「よく調べてください」として要求したが、「よくわかりません」との繰り返しに終わる。反省が感じられない。
家族の面会の際に利用者の顔面に瘤が発見された。視覚的に分かりやすいところに発生した瘤にもかかわらず事業者はそのことを知らなかった。	瘤の発生に対してその理由を問うも十分な説明がない。謝罪もない。	事故原因などについて詳しい説明を要求したが「今後サービスは提供できません」と一方的にサービス提供を停止された。

表4　誠意の変容過程別にまとめた苦情事例（2／3）

	誠意の期待	誠意の要求
事例8	居室の温度調整などは希望に応じてしてくれる。清掃を十分に行い、環境整備をしてくれる。	契約を結んだので事業者は希望に応じたサービスを提供してくれる。利用者の意向の尊重は要覧などにも書かれている。
事例9	事故発生時は適切な対応をし、速やかに家族に連絡してくれる。	契約を結んだので事業者は適切なサービスを提供してくれる。重要事項のなかにも事故への適切な対応が書かれている。
事例10	食事などの際は特に心身状況に配慮された介助を行ってくれる。施設には常時、医師が配置され、対応してくれる。ケアプランは家族に説明され、確認のうえ策定される。	契約を結んだので事業者は適切なサービスを提供してくれる。医療体制の整備が要覧などにも書かれている。
事例11	職員の言葉は丁寧でやさしく接してくれる。	契約を結んだので事業者は適切なサービスを提供してくれる。要覧などにも、やさしく、おもいやりのあるサービスが書かれている。
事例12	事業者は約束したことを守ってくれる。利用者の体調の変化に気をつけて対応してくれる。	正式な契約の前の体験入居ではあるが、介護保険制度に基づき事業者の責任のもとにサービスを提供してくれる。
事例13	入浴時、安全に配慮された介助をしてくれる。事故発生時には適切な対応をしてくれ、家族に詳しい説明をしてくれる。	契約を結んだことにより事業者は適切なサービスを提供をしてくれる。重要事項にも事故対応や保証について書かれている。
事例14	認知症の行動障害などに対しては尊厳をもった対応をしてくれる。事故発生時は、適切な対応とともに家族に速やかに報告があり、詳しい説明をしてくれる。	契約を結んだことにより事業者は適切なサービスを提供してくれる。認知症ケアについてはその専門性と実績が要覧などにも書かれている。

誠意への疑念	誠意の否定	誠意のなさへの批判
居室の温度調整を要望するが対応してもらえないことがある。居室の清掃が不十分である。	繰り返し、居室の温度調整を要望するが対応してもらえない。居室の清掃も不十分な状況が続いている。	事業者に対して不満を表明したが、曖昧な回答が繰り返され、納得できない。
事故発生後、足を引きずり、痛みを訴え、体調不良で顔面蒼白の状態であるにもかかわらず家族が迎えにいくまで事業者から連絡がなかった。	事故の連絡がなかったことや医療受診をしてもらえなかったことに対して説明もなく、事業者に責任が感じられない。	事業者に対して不満を表明したが言い訳ばかりで、対応も遅い。
利用者の咀嚼や嚥下能力が低下しているにもかかわらず食事形態を工夫してくれないので注意してもらうよう要望した。	食事時には嚥下に注意してもらうよう依頼していたにもかかわらず誤嚥事故が発生した。	事故対応が遅く、不適切であり、納得できない。事故報告も不十分である。
利用者に対しても家族に対しても職員の態度が威圧的で、言葉遣いが荒い。	事業者側の威圧的な姿勢に対してホームに行き辛くなるなかで、家族としての面会の数が少ないと注意された。	退所を迫られる発言を受けた。
ベッドからの転落事故が発生した。	事故が発生した直後に受診をさせてもらえなかった。	事故後、利用者は継続した痛みを訴えていたにもかかわらず放置したままだった。事故後のケアプランの見直しも行われていなかった。
入浴時に転倒事故が発生した。	事故発生後の家族への連絡が遅く、詳しい説明がなかった。謝罪もなく、事業者は過失を認めなかった。	事故発生後、事業者は一度も家族のところへ出向くことなく、十分な説明や謝罪がないままの状況が続いた。賠償もなかった。
事故が発生したにもかかわらず家族への正式な報告がなかった。	事故で骨折したにもかかわらず認知症の行動障害を理由に廊下にベッドごと出され、ホールで寝かされていた。	事故が続き、事業者に説明を求めたが、強制的に退所させられた。

表4　誠意の変容過程別にまとめた苦情事例（3／3）

	誠意の期待	誠意の要求
事例15	利用者の体調の変化には気をつけ、対応してくれる。事故発生時は十分な説明があり、謝罪がある。	契約を結んだことにより事業者は適切なサービスを提供してくれる。重要事項に事故対応や保証について明記されている。
事例16	施設は家族の要望を聞き入れたケアを行ってくれる。	契約を結んだことにより施設は家族の要望を聞き入れたケアを行ってくれる。ケアプランに基づいたサービスを提供してくくれる。
事例17	施設入所の場合でも希望する医療機関に通院することができる。	契約を結んだことにより施設は意向を尊重したサービスを提供してくれる。
事例18	事故が発生した場合、家族に対して詳しい説明があり、施設に過失がある場合、しかるべき責任をとってくれる。	契約を結んだことにより、施設は責任ある適切なサービスを提供してくれる。重要事項に事故対応や保証について明記されている。
事例19	入浴時は安全に配慮された介助をしてくれる。事故発生の場合、家族に対して詳しい説明をしてくれる。	契約を結んだことにより施設は責任をもった適切なサービスを提供してくれる。ケアプランに基づくサービスを提供してくれる。
事例20	職員は入所者や家族に対して思いやり、丁寧な言葉遣いで接してくれる。	契約を結んだことにより施設は適切なサービスを提供してくれる。要覧には利用者本位のケアが書かれている。

誠意への疑念	誠意の否定	誠意のなさへの批判
家族が施設を訪問した際に利用者の足の打撲を発見したが、施設側はそれを知らなかった。	家族の施設訪問の際に二度目の利用者の怪我を発見したが、施設側はその怪我についても知らなかった。	連続して発生する事故に対し、十分な説明を要求したが納得できる回答は得られなかった。施設退所後に体中に疥癬が発見された。
オムツ交換に長い時間を要している。ナースコールに応じてくれない。	家族としての要望や不満を示したが、受け入れてもらえなかった。	施設と家族との話し合いが持たれたが要望は聞き入れてもらえず、納得のいく説明が得られなかった。
施設側から指定する医療機関以外の医療機関を受診することはできないといわれた。	希望する医療機関を受診することができない理由についての説明に納得できない。	施設側から次の受け入れ先が決まらないままの状況で一方的な退所を迫られた。
転倒のリスクが予測されたなかで転倒による骨折の事故が発生した。	事故発生後、家族への報告が遅く、原因分析などが行われないままに処理され、詳しい説明がなかった。	事故発生や対応について詳しい説明を要求したが、曖昧な回答が繰り返され、入所者自身の責任として施設側の責任を認めようとしなかった。
入浴時に手指の切断事故が発生した。	事故発生直後の家族への連絡が遅く、詳しい説明もなかった。	事故発生以降、時間が経過しても事故原因分析などがなされず、謝罪も曖昧なままであった。賠償もない。
家族が施設を訪問した時に職員から人格を傷つけられる言葉が発せられた。	職員の不適切な言葉に対して、周囲の反応から施設全体として問題性が認識されていない状況がうかがわれた。	施設に対して言葉の不適切性を指摘するが反省が感じられず、十分な謝罪もなかった。

その専門性と実績が要覧などにも書かれている」（事例14）など事業者が発行する要覧に記載されている内容はサービス利用者・家族にとってはそのとおりに実行してもらえるものとして受け止められ、誠意が要求されることとなっている。重要事項を通しての期待が事故対応や保証など具体的な事項であるのに対して、要覧を通しての期待は、思いやり、意向の尊重、専門的な認知症ケアなど利用者とのかかわり方やサービス理念に関する内容となっている。

　さらに、「ケアプランに基づいたサービスを提供してくれる」（事例16、19）、「ケアプランに基づき認知症の症状に応じたサービスを提供してくれる」（事例7）などケアプランは事業者に対して同プランに基づくサービスの提供を要求するものとなり、利用者にとって当然に利用できるサービスの基準となっていることがうかがわれる。

３．誠意への疑念

　「誠意への疑念」は、サービスが開始されて以降の、誠意の期待と誠意の要求を基準に求められていたサービスに込められる誠意に対して、実際に提供されるサービスと比較してのズレが生じ、事業者に対して疑念を抱くものである。

　分析結果から、まず、「気を付けておいてもらいたいことが伝わっておらず、事故が発生した」（事例6）、「ベッドからの転落事故が発生した」（事例12）、「入浴時に転倒事故が発生した」（事例13）、「転倒のリスクが予測さたなかで転倒による骨折事故が発生した」（事例18）、「入浴時に手指の切断事故が発生した」（事例19）などサービス利用中に発生した事故そのものに対して疑念を抱くものや、「家族の面会の際に利用者の顔面に瘤が発見された」（事例7）、「家族が施設を訪問した際に利用者の足の打撲を発見したが施設側はそれを知らなかった」（事例15）、「事故が発生したにもかかわらず家族への正式な報告がなかった」（事例14）など事故発生後の対応に対する疑念があげられる。前者の事故発生そのものについての疑

念は、事故が予測されるなかでの事故発生であったり、事故に気をつけて
おいてもらいたいとの意向が示されていたにもかかわらず発生した事故で
あり、後者の事故発生後の対応に対する疑念は予期せぬ事故が発生したう
えでのその後の事故対応についての疑念となっている。

　また、「夕方の訪問介護が実施されないことがある」（事例1）、「訪問日
時を調整してもらえない」（事例4）、「伝えておいた意向が職員全体に伝
わっていない」（事例5）など契約やケアプランなどで決められていたこ
とが守られなかったり、あらかじめ伝えておいたことが伝わっていなかっ
たりすることに対する疑念があげられる。

　さらに、「派遣されるホームヘルパーの違いによって大きな差がある」（事
例2）、「派遣されるヘルパーの言葉遣いが荒く、威圧的である」（事例3）、
「利用者に対しても家族に対しても職員の態度が威圧的で、言葉遣いが荒
い」（事例11）、「職員から人格を傷つけられる言葉が発せられた」（事例
20）など期待していた職員の態度とは違う態度に直面するなかで不満を生
じる疑念があげられる。

4．誠意の否定

　「誠意の否定」は、誠意への疑念にあげられるようなことが変わらぬま
ま継続されるなかで事業者に対する不満感情が増幅し、不満感情を表出す
るも事業者の反応が否定的であることから、それまでに求めていた誠意が
打ち消されてしまうものである。

　分析結果から、まず、事故に関する事例の場合、事故が発生したことに
対して不満を抱き、疑念が生じたうえで、その後の事業者の対応として
「事故の状況や原因についての説明が曖昧で不十分である。謝罪らしい謝
罪もない」（事例6）、「家族への報告が遅く、原因分析が行われないまま
に処理され、詳しい説明がなかった」（事例18）など事故の報告、原因分
析、謝罪などが不十分であることに対して誠意が打ち消されてしまってい
ることをあげることができる。同じく事故に関する事例から「事故で骨折

しているにもかかわらず認知症の行動障害を理由に廊下にベッドごと出さ
れ、ホールで寝かされていた」（事例 14）、「二度目の怪我を発見したが施
設側はその怪我についても知らなかった」（事例 15）など事故後のサービ
ス提供上の改善がなされないことに対して誠意が否定されるものとなって
しまっていることをあげることができる。

　また、利用者・家族としての意向を尊重してくれないことから生じた誠
意への疑念の事例や、期待していた職員の態度とは違う態度に対して生じ
た誠意への疑念の事例では、「事業者に不満を示したが曖昧な回答しかな
い」（事例 1）、「希望するホーヘルパーの指名をするが断られ、『わがまま
いわないでください』といわれた」（事例 2）、「ホームヘルパーの態度に
ついて不満を言うが改善してもらえなかった。改善できない説明もない」
（事例 3）、「情報開示を要求したが断られた。サービス管理者から不快な
発言を受けた」（事例 5）、「繰り返し、居室の温度調整を要望するが対応
してもらえない」（事例 8）など利用者・家族から事業者に対して不満を
表明し、繰り返し意向を伝えるにもかかわらず対応してくれない状況にお
いて誠意が打ち消されてしまうものがあげられる。

5．誠意のなさへの批判

　「誠意のなさへの批判」は、期待し、要求していたサービス提供上の誠
意が否定されるなかで利用者・家族の事業者に対する感情は怒りのレベル
に達し、責任を問い、追求する行動へと移行するものである。調査対象が
苦情申立て事例を取りあげていることから、この場面での最終的に到達す
ることとなる事業者から責任を問い、追求する行動とは、第三者機関（国
民健康保険団体連合会）への正式な苦情申立てという行動を意味する。

　「誠意の否定」の段階以降、苦情申立てに至るまでの間に該当する内容
として、まず、「事業者から『聞いていない』『そんな説明はしていない』
など言い訳ばかりが返ってきた」（事例 1）、「『（事故原因について）よく
調べてください』と要求したが『よくわかりません』との繰り返しに終わ

る」（事例6）、「曖昧な回答が繰り返され、納得できない」（事例8）、「事業者に不満を表明したが言い訳ばかりで対応も遅い」（事例9）、「十分な説明を要求したが納得できる回答は得られなかった」（事例15）など、利用者・家族からの不満表明や説明の要求に対して、事業者側の言い訳、曖昧な回答という対応があげられ、前段階での否定された誠意が、よりネガティブな感情へと発展し、誠意のなさへの批判に至るものとなっている。

　また、改善が求められる状況のなかで「事業者に問題を認識する意識が感じられない。改善する気持ちが認められない」（事例2）、「十分な説明や謝罪がないままの状況が続いた」（事例13）、「事故発生後、時間が経過しても事故原因分析などがなされず、謝罪も曖昧なままであった」（事例19）、「施設に対して言葉の不適切性を指摘するが反省が感じられず、十分な謝罪もなかった」など問題が発生しているにもかかわらず、事業者はその問題性についての認識ができず、解決しないままに放置している状況に対して誠意のなさへの批判に至るものもあげられる。

　さらには、事業者の攻撃化した行動へと発展した「事業者から『ホームヘルパーの派遣を中止しますよ』といわれた」（事例2）、「サービスが一方的に中断されてしまった。契約の解除が通告された」（事例5）、「『今後サービスは提供できません』と一方的にサービス提供を停止された」（事例7）、「退所を迫られる発言を受けた」（事例11）、「施設側から次の受入れ先が決まらないままの状況で一方的な退所を迫られた」（事例17）など、サービス停止という対応に対して「誠意のなさへの批判」となって苦情申立てに至ったものもあげられる。

◀ **第3節　形成される誠意から崩壊する誠意への変容**

　調査3に同じく本調査対象の苦情申立ての事例からもサービス提供上の誠意は、形成される段階（「誠意の期待」「誠意の要求」）から、崩壊する段階（「誠意への疑念」「誠意の否定」「誠意のなさへの批判」）へと変容する過程をたどるものとなっている。ここでは、①形成される誠意と、②崩壊する誠意、それぞれの場面に分けて、同場面にどのような要因が作用したのかについて考察してみたい。

1．形成される誠意

　「誠意の期待」の段階から、利用者・家族から事業者に対して期待する内容として、①サービス利用者・家族の意思や意向を聞き入れ、尊重してくれる、②親切で思いやりがある、③頼りになる存在として、責任をもって対応してくれる、④真剣に向き合ってくれる、の4つをあげることができた。これらを誠意の基本的概念の3つの性格的要素（純粋性、無私性、真摯性）にあてはめてみた場合、①の意向の尊重と、②の親切で思いやりがあるは、自らを優先させることなく、感情にとらわれず、他人を思いやり、その立場を尊重するということを意味する無私性に結びつけられ、③の頼りになり、責任をもって対応してくれると、④の真剣に向き合ってくれるは、真面目にして、熱心に取り組んでいく姿勢を意味する真摯性に結びつけることができる。

　介護保険サービスは、ケアの領域に該当するヒューマンサービスとして位置づけることができるが、ケアの概念と誠意の観念に性格づけられる無私性には共通性が認められ、そのままにあてはめることができるものともいえる。ケアの概念は広義には、配慮、気遣いという意味が込められ（広井　2013）[1)]、人と人との関係性に着目し、ポジティブな他者とのかかわりを志向する性格が内在する。このようなケアに意味づけられる、配慮、

気遣いという行為は、先の①と②に該当する他者を思いやり、意向を尊重してくれるという姿勢に表わされる無私性という誠意の性格そのものともいえよう。誠意の無私性を具現化する、思いやり、意向を尊重してくれるという期待は、ケアという場面において特に強調され、求められるものとなっている。

　また、③の事業者は頼りになり、責任をもって対応してくれる、④の真剣に向き合ってくれるという真摯性の性格に該当する誠意の期待は、介護保険サービスというフォーマルサービスを、指定を受けたサービス事業者という組織において提供するものであることに関連づけ、理解することができよう。ここで成立するサービス提供形態は私的で個人的なインフォーマルアプローチではなく、公的で組織的なフォーマルアプローチであることから、利用者・家族からしてインフォーマルアプローチ以上に安定した専門的なサービスが利用できることを期待することとなる。すなわち、サービス事業者は頼りになる存在として、真剣に向き合い、責任をもって対応してくれるという期待を誠意の含意として抱くことになる。

　以上のような「誠意の期待」の段階を経て、「誠意の要求」への段階へと移行し、誠意が形成されていくことになるが、分析結果より「誠意の要求」に作用した要因としてあげられているのが契約上の手続きであり、同手続きにて交付される重要事項、さらには、施設・事業所にて作成されている要覧となっている。事業者と利用申込者との説明と同意をもって契約手続きが行われること、また、同手続きにより義務づけられる重要事項が交付されること、そして、施設・事業所発行の要覧で記載されている内容は、サービス利用申込者からしてサービス利用を正式に獲得し、現実のものとして自らの生活にあてはめることとなる。それは、想像し、期待する誠意から、現実に受けることができる誠意として事業者に要求するレベルへと発展するものとなる。「誠意の期待」としてあげられている内容から、

1）広井良典（2013）『ケアとは何だろうか』ミネルヴァ書房，2.

利用者・家族の意思や意向を聞き入れ尊重してくれる、親切で思いやりがある、頼りになる存在として責任をもって対応してくれる、真剣に向き合ってくれるという期待が、現実として提供されるサービスに具現化されることを意味する。

　契約手続き、重要事項の交付、要覧の記載内容は、誠意の基本的概念に構成される性格としてあげられる純粋性に大きく作用するものとして存在しよう。純粋性とは、嘘偽りのないものであること、真実であるということを意味する。利用申込者・家族からして、重要事項の交付を含めて契約上に説明されたサービスや要覧に記載されているサービスは、嘘偽りないものとして受け止められることになる。

　調査対象とした苦情申立ての事例については、すべての事例ともに最終的に苦情申立機関（国民健康保険団体連合会）から事業者に対して指導・助言が行われるものとなっており、その指導・助言の多くに契約上の問題に関するものがあげられている。それは例えば、「サービス内容などに関する『重要事項』については、分かりやすい説明書やパンフレットなどの文書を交付して、説明を行い、同意については利用者および事業者双方の立場から書面によって確認を行うこと」（事例１の指導・助言）、「サービス提供の同意を得る場合は、重要事項を記した文書を交付して懇切丁寧に説明を行い、利用者および事業者双方の立場から利用者および事業者双方に署名・押印した契約書の様式等によって確認すること。また、重要事項や利用契約書の様式変更やサービス内容、提供時間帯等に変更があった場合は必ず利用者側に対して十分な説明を行い、同意を得るようにすること」（事例４の指導・助言）など重要事項文書や契約書の文書を交付しないなかでの契約締結になっているものや、契約書は交付されているものの事業者側および利用者側それぞれに署名捺印がなく、相互に確認されたものとしてはみなされないものとなってしまっているもの、また、事業者側に分かり難い説明や説明不足、一方的な説明が行われているなどの問題点を指摘することができる。これら指導・助言で指摘されている契約上の不備や不適切性については、サービス開始以降に、思っていたサービスと実際の

サービスとの違いが生じてくるなかで、誠意として求められる、嘘偽りない、真実であるとする純粋性に疑いを抱くことに繋がり、「誠意への疑念」へと移行することとなる。

２．崩壊する誠意

　「誠意への疑念」は誠意の崩壊に繋がる初期にあたる段階といえる。分析結果から「誠意への疑念」の段階に該当する内容として、事故をきっかけとしたものとしては、予測されたなかで事故が発生したこと、あるいは、気をつけてもらいたいとお願いしていたにもかかわらず事故が発生したことなど事故発生そのものについてのものと、事故発生後の対応についてのものがあげられる。また、事故以外のものとしては、あらかじめ伝えておいたことが伝わっていなかったこと、予測していた職員の態度とは違う態度があげられている。

　これらの内容は誠意を構成する性格としての純粋性や真摯性に反するものとして作用し、誠意の疑念を招くことになっているものと考えられる。すなわち、契約時に聞いていなかったこと、聞いていたこととは違うこと、重要事項に書かれていることとは違うことが生じ、真実性が問われる状況となってしまったこと（純粋性への懐疑）、また、伝え、お願いしていたにもかかわらず、そのことをしっかりと受け止め、実行してくれなかったこと（真摯性への懐疑）が誠意への疑念を招くものとなっていると考えられる。

　かりに、この段階で事業者として利用者・家族の誠意への疑念に対する改善にむけての対応として、招いてしまった状況に対する詳しい説明や謝罪、改善策の提示などがあったとすれば、「誠意の否定」や「誠意のなさへの批判」という段階に移行することはなかったものと推測される。しかし、何れの事例ともにそのような対応をしないままに事態は推移し、誠意の崩壊にむけての方向にすすんでいくこととなる。すなわち、事故の報告・原因分析・謝罪などが不十分である、事故後のサービス提供上の改善が

なされない、不満を表明して繰り返し意向を伝えるにもかかわらず対応してくれないという事業者の対応に対して、誠意崩壊の初期的段階にある「誠意への疑念」のレベルから中期的段階にある「誠意の否定」へのレベルへと移行することになる。

　利用者・家族からして「誠意の否定」の段階に移行することとなる事業者の対応は、「誠意への疑念」の段階で生じた不満に加えて、さらなる不満として重積され、倍化することとなる（二重の不満）。前段階で生じた「誠意への疑念」に該当する状況に対して、しっかりと受け止め、改善にむけて懸命に取り組んでいこうとする姿勢がうかがわれないことからの真摯性への懐疑が一層に深まるものとなってしまっている。この段階でサービス事業者に対する信頼は逓減し、ネガティブな感情が増幅されていくこととなる。そして、誠意の崩壊の最終段階にあたる「誠意のなさへの批判」に至ることとなる。

　誠意の崩壊に該当する段階としてあげられる「誠意への疑念」と「誠意の否定」は、サービス事業者に誠意が存在することを前提としたうえで、しかし、それが疑われ、否定されるものであるのに対して、「誠意のなさへの批判」は事業者には誠意は存在しないという捉え方となって責任を追及する段階といえる。分析結果から誠意の批判に至る事業者の対応として、①利用者・家族からの不満表明や説明の要求に対する事業者側の言い訳、曖昧な回答、②問題が解決しないままの放置、③サービス提供の拒否、停止があげられる。

　①の言い訳、曖昧な回答という対応は、自らを優先させることなく、他人を思いやり、その立場を尊重するという無私性が感じられない対応として映り、自己中心的な姿勢として捉えられるものとなってしまい、また、②の問題が解決しないままの放置という対応は、相手（利用者・家族）の存在を無視した行為ともとられ、問題を問題として認識できない事業者の感覚を疑い、真面目にして、熱心に取り組んでいく姿勢に込められる真摯性が感じられないものとなって批判されることとなってしまっている。さらに、③のサービス提供の拒否、停止という対応は、利用者・家族の立場

からして窮地に追い込められる状況を招くことから、事業者の攻撃的な行動として、無私性、真摯性の対極におかれるものとなって怒りの感情を伴うこととなる。このような状況においては、もはや利用者・家族として事業者に対して誠意を求めることはできず、事業者に誠意があることを前提とした捉え方を変え、誠意がないことに対する批判と責任を追及する行動に移ることとなる。すなわち、それは正式な苦情申立てという行動である。

注
1) 広井良典（2013）『ケアとは何だろうか』ミネルヴァ書房, 2.

第Ⅲ部

人を支える「誠意」とは何か

―得られた知見―

第8章 ■

人を支える「誠意」の形成

◀ **第1節　誠意の価値づけ**

　「誠意」とは「私利私欲をもたず、相手の立場をくみとり、正直に、まごころをもって、まじめに事にあたる気持ち」である。誠意の概念は純粋性（嘘偽りのない真実であること）、無私性（相手立場に立ち思いやること）、真摯性（真面目で一生懸命であること）の3つの性格的要素から構成される。人とのかかわりや人間関係を基盤に醸成された観念としての誠意は、わが国において長年にわたって人びとに受け入れられながら形成され、社会一般に求められる規範的な価値（価値規範）として位置づけられる。

　生活上の支援を必要とする人たちのニーズを充足するために取り組まれる社会福祉は、人と人とのかかわりを通じて問題解決を図る。その人と人とのかかわりには良好な関係性が求められる。社会福祉における人と人とのかかわりは、援助者とサービス利用者間をはじめ、事業所や施設などの組織、さらには地域において展開されるなかで組織に所属する構成員間、他の組織や地域のさまざまなメンバーとの間で生じる。

　誠意は、純粋性、無私性という性格から、むけられる対象である他者に対しての人格を尊重する概念であるということ、とりわけ相手を思いやり、尊重するという無私性から、他者の立場に立ち、意向を尊重する価値が込められる。加えて、誠意の性格にあげられる真摯性から、むけられる対象に対して純粋性、無私性をもって真剣に向きあう姿勢が込められる。

　他者に対して人格を有する人間として尊重することが誠意の基本であり、その価値は社会福祉の根源的な価値としてあげられる人間の尊厳と共有される。社会福祉は、単に物事を客観的に観察、分析、調査することに止まらず、「働きかける」という社会福祉実践をもって成り立つ。社会福祉実践は価値に基づく評価的な態度が大きく作用することとなる。

　誠意の概念を、社会福祉実践を支える価値規範として位置づけ、社会福祉の根源的な理念である「人間の尊厳」や「ノーマライゼーション」、そして、ソーシャルワーク、ケアワークの援助実践を行ううえで重要とされる「権

利擁護」や「エンパワーメント」とともに関連づけ、構造化を試みると、「人間の尊厳」「誠意」「権利擁護」「エンパワーメント」は一人ひとりの人間にむけられる価値規範として、また、「ノーマライゼーション」は人間が存在する社会にむけられる価値規範として位置づけることができる。

　人間にむけられる価値規範としての「人間の尊厳」は、人間をどのように捉え、理解するかという視点から社会福祉実践の対象者にむけられる価値として設定され（対象者観）、すべての人間の、人間として生きていくことの権利が認められ、尊厳性が確保されることを追求するものである。

　「人間の尊厳」を基底に据えたうえに「誠意」が位置づけられ、「人間の尊厳」を確保したうえで、人間とどう向き合い、かかわり合うかという視点から、社会福祉実践の対象者との関係性にむけられる価値規範として設定することができる（関係観）。さらに、誠意をもって人間と向き合い、かかわるなかでどのような援助を行うのかという視点から設定される価値規範（援助観）として「権利擁護」と「エンパワーメント」の理念を位置づけることができる。

　人間をどうのように捉え、理解するかという視点からアプローチする「人間の尊厳」、人間とどのように向き合い、かかわるかという視点からアプローチする「誠意」、そして、人間にどのような援助を行うのかという視点からアプローチする「権利擁護」「エンパワーメント」に対して、人間が生きていく社会はどうあるべきかという視点（社会観）からアプローチするのが「社会主義」や「ノーマライゼーション」である。

　これらの理念的価値規範をもって社会福祉実践が展開されるなかで、目指される到達点にむけての目標としての価値規範（目標的価値規範）が設定されることになる。社会福祉実践の目標として設定される価値規範としては、人間にむけては「生活の自立と安定」、社会にむけては「社会の統合と発展」があげられる。

◀ 第2節　誠意をむける主体と客体

　社会福祉実践において誠意をむける主体（誠意をむける立場）となる援助者は、サービス事業所や施設などに所属し、その事業所・施設は社会福祉法人などに帰属する。したがって、援助者である人は、事業所・施設や法人という組織を背景にしてサービス利用者に対して誠意をむけることになる。利用者に対する調査（調査1）から利用者が受け止めるサービス利用上の誠意も、援助者個人からむけられるだけでなく、事業所・施設、法人という組織からむけられるものとして捉えられている。

　誠意をむける客体（誠意がむけられる立場）となる利用者は、事業所・施設が所在する地域住民がその主な対象となる。したがって、事業者は地域のニーズに即し、地域に密着したサービスを提供していくことが要求されることとなる。事業者への調査（調査2）からも事業者は、社会福祉実践に機能する専門的資源を有した社会的な存在としての立場にあって、その期待に応えることが大切であると認識されている。社会福祉実践を通して提供されるサービスの対象は、直接的にむけられる利用者に止まらず、間接的にむけられる地域や社会を含むものとして捉えることができる。

　社会福祉実践において誠意をむける主体は、直接的には社会福祉実践を担う援助者であり、誠意をむける客体となるのは利用者であるといえるが、両者の関係は個人対個人あるいは1対1の関係に限定されるものではない。社会福祉実践は援助者と利用者という個人対個人の二者関係を原型としながら、同関係を超えて、援助者→事業所・施設→法人へ、あるいは利用者→家族→地域→社会へと広がりをもって両者が向き合う関係のなかで提供されることとなる。社会福祉実践上に誠意をむける主体は、援助者、事業所・施設、法人であり、誠意をむける客体は、利用者、家族、地域、社会といえる。

第3節　誠意を構成する要素

　誠意を構成する要素として、①利用者が援助を受けるうえで援助者に求める誠意と、②援助者が援助を行ううえで意識する誠意それぞれについて、誠意を構成する性格的要素となる純粋性、無私性、真摯性の３つの枠組みからまとめたものが表5（「社会福祉実践における誠意を構成する要素」）である。

1．利用者が援助を受けるうえで援助者に求める誠意

　まず、利用者が援助を受けるうえで援助者に求める誠意として、嘘偽りのない真実であるということを意味する純粋性は、嘘がなく、言い訳がない「隠さない」ことと、建前ではなく、いつも誰とでも変わらない態度である「裏表がない」こと、そして、人との約束が守られ、決まりが守られる「約束や決まりを守る」ことからなる『正直』であることがあげられる。

　自らを優先させることなく、他者を思いやり、尊重することを意味する無私性については、①利用者を理解し、一人ひとりに合わせてくれる「個の尊重」があり、利用者の気持ちを察し、他人事ではなく自分のことのように思ってくれる「共感」してくれ、いろいろな変化に気づき、覚えていてくれるという「関心をもつ」からなる『承認する』ということと、②気持ちを聴き、確認してくれ、声をかけてくれる「意思疎通を図る」こと、心配してくれ、励ましてくれる「気にかける」ことからなる『気遣う』ことがあげられる。

　真剣にして熱心に、一生懸命になるさまを意味する真摯性は、①ニーズ充足にむけてサービス事業者としての役割と責任を認識している「自覚する」ことと、口先だけではなく行動に移し、結果をだして曖昧にはしない「実行する」ことからなる『責任をもつ』こと、また、②いい加減ではなく丁寧に、そして早く対応してくれる「真剣にやる」ことと、工夫をしながら

表5　社会福祉実践における誠意を形成する要素

	純粋性	無私性	
	『正　直』	『承認する』	『気遣う』
利用者が求める誠意	①「隠さない」 ・嘘がない ・言い訳がない ②「裏表がない」 ・建前ではない本音でのやりとり ・いつも、誰とでも変わらない態度 ③「約束や決まりを守る」 ・人との約束が守れる ・いろいろな決まりが守れる	①「個の尊重」 ・利用者のことを理解していてくれる ・一人ひとりに合わせてくれる ②「共　感」 ・気持ちを察してくれる ・他人事ではなく、自分のことのように思ってくれる ③「関心をもつ」 ・利用者の変化などに気づいてくれる ・覚えていてくれる	①「意思疎通を図る」 ・利用者の意思を聴いてくれる ・利用者に確認してくれる ・声をかけてくれる ②「気にかける」 ・心配してくれる ・励ましてくれる
	『決まりを守る』	『利用者主体』	
援助者が意識する誠意	①「コンプライアンス」 ・運営基準など法令を遵守する ・社会通念を意識する ②「約束を守る」 ・契約どおりのサービスを提供する ・サービス提供上の言葉や約束の重みを認識する ③「透明性の確保」 ・情報を公開する ・評価を受ける	①「意向の尊重」 　・利用者の心の中を推し量り、尊重する 　・利用者を受け容れる ②「個別的な対応」 　・ニーズに合わせたサービスを提供する 　・一人ひとりに向き合いながらケアを行う	

真摯性		
『責任をもつ』	『専心する』	『まとまり』
①「自覚する」 ・ニーズを充足してくれる ・事業者としての役割や責任を認識している ②「実行する」 ・行動してくれる ・結果をだしてくれる ・曖昧にしない	①「真剣にやる」 ・丁寧にやってくれる ・早く対応してくれる ②「努力する」 ・継続してやってくれる ・工夫してやってくれる	①「協力し合っている」 ・職員間に差がない ・組織的に取り組まれている ②「伝わっている」 ・情報が全体として共有されている ・伝達が正確に行き届いている

『責任をもつ』	『実行する』
①「選ばれた存在」 ・契約制度において選ばれた存在であることを自覚する ・利用者、家族、地域、社会からの期待に応える ②「社会資源としての役割」 ・保有する多様な資源を使い、機能させる ・地域社会のニーズに応える	①「組織的な対応」 ・組織としてまとまりがある ・実行できる仕組みを整備している ・職員間で連携し、協力している ②「目標をもつ」 ・事業計画を立て、目標実現にむけ取り組む ・一人ひとりのケアプランに基づきサービスを提供する

継続してやってくれる「努力する」ことからなる『専心する』こと、そして、③職員間での対応に差がなく、組織的に取り組まれている「協力し合っている」ことと、情報が共有され、伝達が正確に行き届いている「伝わっている」ことからなる『まとまり』があげられる。

２．援助者が援助を行ううえで意識する誠意

　次に援助者が意識する誠意としては、純粋性として、法令を遵守し、社会通念を踏まえた「コンプライアンス」の意識をもつこと、また、契約どおりのサービスを提供し、サービス提供上での言葉や約束の重みを認識する「約束を守る」こと、そして、情報を公開し、第三者評価などを受ける「透明性の確保」からなる『決まりを守る』ことがあげられる。

　無私性としては、利用者の心の中を推し量り、尊重して、受け入れる「意向の尊重」と、ニーズに合わせてサービスを提供し、一人ひとりと向き合いながらのケアを行う「個別的な対応」からなる『利用者主体』があげられる。

　真摯性としては、①契約制度において選択された事業者であることを自覚し、利用者、家族、地域、社会からの期待に応える「選ばれた存在」であることと、保有する多様な資源を機能させ、地域社会のニーズに応えていかなければならない「社会資源としての役割」をもつことからなる『責任をもつ』こと、そして、②組織的にまとまりがあり、実行できる仕組みを整備していることや職員間で連携し、協力している「組織的な対応」と、サービス事業所・施設としての組織全体を視野に入れた事業計画や利用者一人ひとりにむけてのサービス計画を立て、目標の実現を目指して取り組んでいく「目標をもつ」からなる『実行する』ことがあげられる。

第4節　誠意の形成

　誠意を構成する要素を、①利用者側から援助者側に対して要求するベクトルと、②援助者側から利用者側にむけられるベクトルそれぞれに配置し、純粋性、無私性、真摯性の3つの枠組みから区分化したものが図9（「社会福祉実践における誠意の形成」）である。それぞれのベクトルを誠意をむける主体（援助者側）から捉えると、①は（援助者側に）求められている誠意、②は（援助者側が）意識している誠意ということになる。

　ベクトルがむけられる立場として設定される援助者側と利用者側とは、先のように対人援助として直接的にかかわりあう関係にある援助者と利用者を指すだけではなく、援助者は援助者が所属する組織としての事業所や施設、さらには社会福祉法人など母体となる法人組織を含む。また、利用

図9　社会福祉実践における誠意の形成

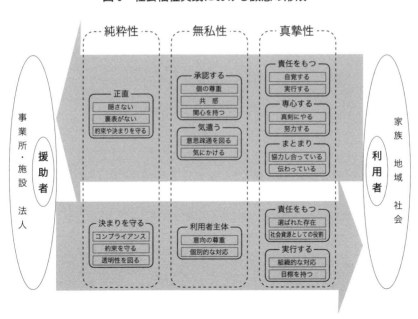

者は利用者の家族、利用者が居住する地域、さらには社会を含むものとなる。

　社会福祉実践における誠意は、援助者側と利用者側の両者が結びつけられたうえで形成されるものであり、一方向的なものとしては成立しない。誠意は援助者側と利用者側が、ともに主体となり、客体となって双方向的に向き合うなかで形成されることとなる。援助者側と利用者側が向き合うなかで形成される誠意は、むけられる２つのベクトルにおいて純粋性、無私性、真摯性の３つの枠のなかに配置される要素をもって表わされることとなろう。

　純粋性は、嘘偽りなく、真実であることが、約束を守り、裏表のない、人として守り行うべき道としての倫理を基盤として、社会福祉実践によって提供されるサービスの基準として明文化された法令を守り、取り交わされた契約に基づくものであることはもとより、よりよいものとするためのあり方を追求する社会的規範の視点を含むコンプライアンスと結びつくものであることによって表わされる。

　そして、その真実性は利用者のニーズが優先され、適切な援助が行われているのかが問われることとなる。また、正直であろうとする誠意の純粋性は他者としての利用者側にむけられるだけではなく、自己としての援助者側自身にもむけられることとなる。それは援助者側が自己にむけて自らの気持ちに嘘偽りがないものであるのかという問いであり、ありのままの自分を受け容れるものとなっているのかを意味する。

　無私性は、自らを優先させることなく、他者を思いやり、尊重するということが、利用者一人ひとりに応じて反映されることによって表わされる。利用者を含めてすべての人間は自分の存在を認めてもらいたいという欲求をもち、その欲求を承認することは誠意を形成することにつながる。承認する対象は、利用者の人格であり、有する価値観である。気持ちを察してくれる、一人ひとりに合わせてくれる、自分のことのように思ってくれることは、承認してくれているという応答となって示される。話しを聞いてくれる、確認してくれる、心配してくれる、励ましてくれるという気遣いも承認の応答となって誠意として表わされることとなる。

　承認し、応答するためには、利用者を理解することが必要である。理解するということは相手に心をむけることであり、相手の立場にたつことである。相手に心をむけることは相手に関心をもつことであり、関心をもつことによって一人の人間としての他者の存在を意識することができる。そして、相手を信じることである。信じることができない関係において誠意を形成することはできない。援助者が利用者を信じることができなければ利用者も援助者を信じることはできなくなってしまう。

　自らを優先させないことを意味する誠意の無私性は利用者の主体性の確保につながる。利用者主体は社会福祉実践が利用者にむけての取り組みであることから当然に要求される視点であるが、援助者主体となりがちな現場環境にあるなか援助者に問われることとなる。

　真摯性は、熱心にして一生懸命であることが社会福祉実践のミッションに適い、目的を達成するという責任と結びつき、行為の基準となった時にその価値を発揮することになる。援助者側の責任は、過去に関する責任として法令上に契約基準や運営基準の下に、また、倫理上に社会的規範によって問われ、未来に関する責任として、なすべき責務を明確化するよう要請される。

　責任は実行力をもって実行されることによって果たされることとなる。誠意の真摯性は援助者に要求される援助にかかわる倫理、知識、技術をしっかりと身につけておくことともに、その有する専門性をしっかりと発揮するという実行力にも表わされる。

　責任をもって実行するためにはまとまることが大切である。福祉サービスは衣食住にかかわる複数のサービスが組み合わされたなかで提供され、さまざまな組織やメンバーと連携し、協力しながらの業務が行われる。多組織、多職種が連携し、ニーズに即したサービスを提供していくうえで課された役割が果たされなければ、利用者に対する責任とともに連携する組織や団体、メンバーに対する責任も問われることになる。

第9章 ■

人を支える「誠意」の連関

◀ **第 1 節　誠意の前提**

　誠意は、その人が抱く、思いや姿勢など心情を表わす情的観念といえる。情としての誠意は、時として主観性をもって独り善がりの誠意となったり、一方的で方向性を誤った誠意となることがある。したがって、情は、理（原理・原則や目的など）をもって統制することが必要となる。社会福祉実践場面での誠意は、援助者と利用者とのフォーマルな関係において反映されるものであることからも誠意の主観性は排除されなければならない。何のための誠意なのか、むけられる誠意が社会福祉実践に有益なるものといえるのかが常に問われることとなる。

　理とされる社会福祉実践の原理・原則となるものとは何か、そして、目的として目指すべき方向性とはどのような方向性を指すのか。サービス事業者に対する調査（調査 2）から援助者側が意識する理とは、人間の尊厳の確保という社会福祉実践の根源的な価値をもって生活の質の向上を目指すことであり、それが援助者側としてのミッションであるとされる。社会福祉実践場面でサービス利用者側にむけられる誠意が人間の尊厳の確保や生活の質の向上に結びつけられない場合、先にあげた誠意を構成する要素は、その機能を果たすことができなくなり、マイナスにも作用してしまう。

　社会福祉実践でむけられる誠意は、社会福祉実践の原理・原則や目的に適うものであるとともに、利用者の全人格に触れながら、生活という範囲から専門的な知識と技術をもって提供するという福祉サービスの固有性が確保されたものでなければならない。あくまでも福祉サービスを通じてむけられる誠意であることが前提とされる。援助者側が意識化された誠意を利用者側にむける時、認識しておかなければならないのが人間の尊厳の確保や生活の質の向上を目指したサービスを提供するというミッションであり、福祉サービスの固有性を確保するということとなる。これらを「誠意の前提」とし、社会福祉実践の場面でむけられる誠意は「誠意の前提」を踏まえたものであることが求められる。

　「誠意の前提」を踏まえたうえでむけられる援助者側が意識化する誠意は、利用者側が求める誠意と双方向的に向き合いながら形成される。援助者側が意識化する誠意と利用者側が求める誠意が向き合うなかで形成される誠意は、原理・原則や目的である「理」を踏まえ、「情」としての思いや姿勢を通じて、行動となって表わされる「動」となって具現化されることとなる。

　人は、「情」と「理」の間にあってその両者を意識しながら、「動」として自らはどのような方向にすすむのか、どのような行為、行動をとるべきなのかを判断することとなる。情としての誠意も、自らが意識化する思いだけではなく、むける相手となる他者、すなわち利用者側が自分（援助者側）に何を求めているのか、その思いを理解し、尊重することが大切となる。

◀ 第2節　誠意の成果

　形成される誠意は、その結果として社会福祉実践上に成果をもたらすこととなる。社会福祉実践の原理・原則や目的に適う「誠意の前提」を踏まえ、援助者側と利用者側が向き合うなかで「誠意の形成」が図られた結果として得られるものが「誠意の成果」である。「誠意の成果」となるものは、利用者側から得られる信頼であり、サービス提供上の質的向上であるといえる。

　援助者と利用者との協同作業ですすめられる対人援助としての社会福祉実践は、両者の援助関係によって成り立ち、良好な関係性をもって効果的に機能する。しかし、望まれる良好な関係性を構築することは容易ではない。援助関係は家族や友人のような内的関係ではなく、外から入り込む外的な関係からなるインフォーマルアプローチであること、また、援助をする者と受ける者という非対称性の関係性であることなどからである。

　両者の対等な関係をもって良好な関係性を構築するために目指されるものが信頼関係である。信頼関係とは、疑うことなく、間違いのないものとして正しいと思うことができ、その力を頼みとしてあてにでき、寄りかかることができるつながりといえる。援助関係は信頼関係を通して援助者と援助対象者との適切で良好な関係を築くことができる。

　信頼には相手の能力に対する期待としての信頼（能力的信頼）とともに、相手の意図に対する期待としての信頼（人格的・意欲的信頼）があるとされる（山岸・小宮山 1995 [1]）。社会福祉実践は人間関係や社会的関係、それまでに生きてきた歴史などを含めたなかで、そこから生じる生活障害のニーズに応える全人的なかかわりであり、人びとの人生に他者として影響を及ぼす。その意味で援助者が援助者である前に、人としての信頼が求め

1）山岸俊男・小宮山尚（1995）「信頼の意味と構造　―信頼とコミットメント関係に関する理論的・実証的研究」『INSS　Journal（2）』，1-59.

られることとなる。

　援助者がやるといったことをやる気をもってしっかりとやってくれる人なのかという信頼（人格的・意欲的信頼）と、やるべきことをやれる能力をもっている人なのかという信頼（能力的信頼）の両方が確保されて社会福祉実践場面での信頼関係が形成される。誠意形成の要素は、純粋性、無私性、真摯性という誠意本来の概念に含まれる性格を基盤にしたうえで、専門的能力をもって展開される社会福祉実践にあてはめて導かれたものであり、信頼を確保するための人格的・意欲的信頼と能力的信頼の両方の機能を有するものといえる。

　信頼関係はサービスの質の向上につながる。サービス利用者との協同作業ですすめられる対人援助としての社会福祉実践において相手を疑うことのない信頼関係は、サービス提供上に目指される生活上の困難性や問題を改善し、解決していくうえで有効に作用することとなる。また、誠意の価値を援助者が所属する組織全体で共有し、誠意の理念を掲げてサービスを提供することは、援助者一人ひとりのモラールを高め、誇りを醸成するガバナンスを図ることにつながるものとして期待される。

◀ 第3節　誠意の連関

　社会福祉実践を支える価値規範としての誠意は、誠意をむける理となる「誠意の前提」、援助者側が意識化する誠意と利用者側から求められる誠意が向き合うなかで生成される「誠意の形成」、そして、形成された誠意の結果として得られる「誠意の成果」という局面をもってめぐることとなる。その過程をインプットとアウトプットの関係から連関させたものが図10（「社会福祉実践における誠意の連関」）である。

　同図から、誠意のインプットとして、人間の尊厳の確保や生活の質の向上を目指すという援助者側としてのミッションを自覚し、固有性が確保された福祉サービスを提供するという「誠意の前提」を踏まえて、誠意の基

図10　社会福祉実践における誠意の連関

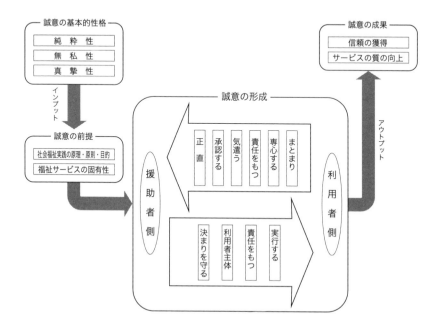

本的概念として構成される性格的要素である純粋性（嘘偽りのない、真実であること）、無私性（自らを優先させることなく、他者をおもいやり、尊重すること）、真摯性（真剣にして熱心に一生懸命であること）の価値を社会福祉実践の場面に援用する。

　「誠意の前提」を踏まえて社会福祉実践場面に援用され、インプットされた誠意は、援助者側が利用者側にむけて意識化する誠意と、利用者側が援助者側に求める誠意が向かい合うなかで形成されることとなる（「誠意の形成」）。それは、先に述べた誠意の形成にあげられる内容をもってつくりあげられる。すなわち、①純粋性として、倫理、法令、社会的規範からなるコンプライアンスが確保され、ニーズ優先の適切な援助が行われているのか、その真実性を問い、正直であることが利用者とともに援助者自身にもむけられる。②無私性として、利用者に関心をもつことによって利用者を理解し、利用者を信じることから利用者一人ひとりの存在を承認し、応答する。そして、利用者の主体性を確保する。③真摯性として、一生懸命であることが社会福祉実践のミッションに適い、目的を達成するという責任と結びつき、行為の基準とする。責任は実行力をもって実行されることによって果たされ、実行されることに要求される専門性を援助者がしっかりと身につけ、発揮する。組織としてまとまることも実行する機能をもって真摯性に込められる誠意となって形成される。

　「誠意の前提」を踏まえ、社会福祉実践場面に援用されることによってインプットされた誠意は、「誠意の形成」を通じて「誠意の成果」となってアウトプットされる。アウトプットとしてもたらされる「誠意の成果」とは、先にあげた利用者側からの援助者側にむけられる信頼であり、サービス提供上の質的向上である。

◀ 第4節　誠意の変容性

　連続化し、継続化していく福祉サービスにおいて利用者側の援助者側に対する誠意の受け止め方は、誠意を表わす者(援助者側)と表わされる者(利用者側)との関係性のなかで肯定的にも否定的にも変容する。誠意は形成される過程とともに崩壊する過程をたどることがある。

　サービス利用上に苦情が申立てられたケースにおいてその多くに援助者側の誠意が感じられないこと（誠意の崩壊）が理由の一つとしてあげられている。誠意はどのようにして崩壊していくのか。苦情申立人へのインタビュー調査（調査3）や事例調査（調査4）から、その過程は、「誠意の期待」→「誠意の要求」→「誠意への疑念」→「誠意の否定」→「誠意のなさへの批判」へと変容していくものであった。それは、サービス開始以前の段階においてサービス利用者側は援助者側に対して誠意を期待し（「誠意の期待」）、要求する（「誠意の要求」）という誠意形成にむけての過程をたどるものの、サービス開始以降、期待し、要求していた誠意あるサービスが、実際のサービスからは感じられず、予測と結果にズレが生じるなかで疑念を抱き（「誠意への疑念」）、それが誠意ではないものとして否定し（「誠意の否定」）、誠意のなさを批判する（「誠意のなさへの批判」）という誠意の崩壊をたどることになってしまっている。

　誠意の形成段階にある「誠意の期待」は、サービス利用にむけて援助者側に寄せられる共感的な態度や親身的かかわりをもって表わされる誠意への期待である。続く「誠意の要求」は、サービス利用上に必要となる手続きとしてシステム化されている契約によって形成される誠意の捉え方である。前段階で形成された「誠意の期待」を踏まえ、利用者側は正式な手続きをとることによって援助者側に対して誠意を要求する立場となる。「誠意の期待」と「誠意の要求」は、正式なサービスが提供される以前の段階で形成される誠意といえ、誠意はサービスが開始される以前の段階から利用者側に意識化されるものとなっている。

　「誠意への疑念」は、サービスが開始されて以降の「誠意の期待」と「誠意の要求」を基準に求められている誠意に対して、実際に提供されるサービスとのズレが生じ、援助者側に対して疑念を抱くものである。かりに、誠意の崩壊につながる初期の段階ともいえる「誠意への疑念」の段階で援助者側がその反応を察知し、改善にむけての対応が試みられていれば、「誠意の否定」や「誠意のなさへの批判」という誠意崩壊の過程に移行することはなかったものと考えられる。

　「誠意の否定」は、期待し、要求されるサービスと実際のサービスとのズレが解消されないまま継続され、繰り返されていくなかで援助者側に対する不満感情が増幅し、不満感情を表出するも援助者側の反応が否定的であることから、それまでに求めていた誠意が打ち消されてしまうものである。そして、期待し、要求していたサービス提供上の誠意が否定されるなかで利用者側の援助者側に対する感情は怒りのレベルに達し、責任を問い、追求する行動へと移行する「誠意のなさへの批判」に至ることとなる。その具体的な行動が苦情申立てである。

　誠意の崩壊に該当する段階としてあげられる「誠意への疑念」と「誠意の否定」は、援助者側に誠意が存在することを前提としたうえで、しかし、それが疑われ、否定されるものであるのに対して、「誠意のなさへの批判」は援助者側に誠意は存在しないという捉え方となって責任を追及する段階にある。

◀ 第5節　誠意のマクロレベルへのアプローチ

　誠意は個人としての人だけではなく、人びとの相互間の協働により形成される組織や地域社会においても作用する。

　経営の領域では誠意とほぼ同義の Integrity の概念からそのあり方が求められ（Peter F. 1954 [2]、Lynn S. 1997 [3]）、同概念を踏まえ、誠意の概念（純粋性、無私性、真摯性）を福祉経営にあてはめてみた場合、純粋性としてコンプライアンス、無私性として利用者主体性、真摯性として責任性が強調されることとなる。うち、純粋性に結びつけられるコンプライアンスは倫理的側面から利用者の利益を最優先することはもとより、公益性の高い社会福祉事業を実施する組織として社会全体の利益を視野に入れ、適正に経営されること、そして、法令遵守の側面から社会福祉関係法をはじめ、政令、省令、規則、通知など法規範に基づく良質なサービスを提供することによって表わされる。

　また、真摯性を表わす責任性はサービス利用者・家族をはじめ、地方自治体、地元利害関係者、当該経営組織と連携する組織・団体、一般市民にもむけられ、うち利用者・家族に対する責任性はサービス利用契約の手続き（インフォームドコンセント）をもって正式に事業者が負うこととなる。地方自治体、地元利害関係者、当該経営組織と連携する組織・団体、一般市民にむけては社会的責任が課され、さまざまな機関・団体と連携して生活支援サービスを提供するなかでの相互的責任が問われることとなる。契約制度に移行した社会福祉業界において利益誘導型の経営に陥りやすい状況にあるなかで、福祉経営組織はしっかりとしたコンプライアンス意識と、

---

2) Peter F. Drucker (1954) The Practice of Management,：Published in hardcover
　edition by Harper & Row.

3) Lynn Sharp Paine (1997) Cases in Leadership, Ethics, and Organizational
　Integrity：A Strategic Perspective（梅津光弘・柴柳英二訳『ハバードのケースで学
　ぶ企業倫理―組織の誠実さを求めて―』慶応義塾大学出版会，1999，全330）.

強い責任感をもつことが要求され、その要求に応えることは同組織が表わす誠意として社会的に評価されることとなろう。

　地域社会のレベルから、地域福祉型社会福祉への転換にむけて取り組みが期待される住民主体による地域の支え合いに焦点化し、同場面にむけられる誠意を導き出してみると次のようである。地域の人たちで支え合うためには人と人との「つながり」が必要になる。「つながり」は「かかわる」ことによって形成される。つながる関係性を形成するためのかかわりにおいては、かかわる者の、かかわりにむけた価値が表出されることとなる。広く人びとに受け入れられている価値規範としての誠意は、住民相互の支え合いの場面において人と人とがかかわるうえで有効に作用するものと考えられる。しかし、地域の支え合いが、住民同士の極めて近い距離間で密接な関係性もって行われることは双方にとって負担感を伴うことにもなりかねない。したがって、住民相互の支え合いに通じる誠意は、踏み込みすぎない一定の距離間をもって緩やかな関係性を通じてむけられることが望まれる。

　住民相互の支え合いにおいてむけられる誠意の純粋性は、その性格が表出される嘘偽りのない真実性のあるかかわりを通じて他者に信頼を与えることとなる。それは約束を守り、決まりを守るという行いに表わされ、反映される。非制度的・非契約的なインフォーマルの取り組みである住民相互による支え合いにおいて守るべき約束事や決まりとは、社会生活において人として守るべき道であり、善悪の判断において普遍的基準となる倫理であるといえよう。

　支える住民が、支えられる住民のことを理解するためには、支えられているという人の立場を理解することが大切である。一般に支援を受ける者は、支援を行う者に対して対等な意識を持ち難い。遠慮を伴い、自己否定感を抱くこともある。地域の支え合いという無償の取り組みの場合、そのような意識は一層強くなることが想像される。支えられている立場にいるという相手の立場に思いを致し、関心をもち続けることによって誠意の無私性がむけられることとなる。

　真剣にして熱心に一生懸命になるさまを意味する誠意の真摯性が他者に
むけられる時、誰が、誰に対する、どのような場面においてむけられるも
のなのかを認識することが大切である。地域における支え合いの場面で、
支え手の住民の、受け手の住民にむけられる真摯性が日常生活をサポート
するためのものとして適切な方向にむけられるものとなっているのか、ま
た、公共性を保ちながら適度の距離間をもってプライバシーに配慮された
ものとなっているのかなど一定の枠のなかで機能することが求められる。

注
1) 山岸俊男・小宮山尚 (1995)「信頼の意味と構造　―信頼とコミットメント関係に
　関する理論的・実証的研究」『INSS　Journal (2)』, 1-59.
2) Peter F. Drucker (1954) The Practice of Management, : Published in
　hardcover edition by Harper & Row.
3) Lynn Sharp Paine (1997) Cases in Leadership, Ethics, and Organizational
　Integrity : A Strategic Perspective (梅津光弘・柴柳英二訳『ハバードのケ
　ースで学ぶ企業倫理―組織の誠実さを求めて―』慶応義塾大学出版会, 1999, 全
　330).

第 10 章 ■

人を支える「誠意」とは
── 援助関係に表わされる「誠意」──

　「誠意」とは、私利私欲をもたず、相手の立場をくみとり、正直に、ま
ごころをもって、まじめに事にあたる気持ちである。しかし、それは観念
としてのものの考え方には止まらず、人びとの守り行うべき道や善悪を判
別する倫理として、また、行動や判断の基準となる規範として、そして、
物事を評価するときの基準なる価値となって指針を示すものとなる。誠意
の性格は、①嘘偽りのない真実であることを意味する純粋性、②相手の立
場に立ち、思いやることを意味する無私性、③真面目で一生懸命であるこ
とを意味する真摯性の3つから説明することができる。人を支える誠意と
は何か、社会福祉実践における援助関係に表わされる誠意として3つの性
格からまとめてみたい。

◀ 第1節　純粋性

　嘘偽りのないものであること、真実であるということを意味する純粋性
は、援助者として利用者に対して約束したことを守り、援助を行ううえで
決められたことを守ることによって表わされる。それは、サービス事業者
と利用者との間で結ばれる契約を守り、サービス提供にかかわる法令を遵
守することによって示されることとなる。介護保険サービスなど契約シス
テムによるサービスは説明と同意（インフォームドコンセント）による手
続きのうえで契約を結ぶことが義務づけられ、すべての公的サービスは関
連する法律、政令、省令、規則、通知に基づき提供されなければならない
ことになっている。法令は、その目的や、目的を実現していくうえでのル
ールや基準を定め、遵守すべきことを規定するものである。
　契約を守り、法令を遵守することが制度上に担保され、約束されている
一方で、市場競争原理が導入され、多様なサービス提供主体が参入する社
会福祉業界においてサービス事業者が社会的不確実性をもって存在するこ
とを否定することはできず、その実態として法令違反や不正が発生してい

るのも事実である。また、法令で定められた基準は最低限のレベルでの量と質を規定したものであり、利用者の意向やニーズが十分に満たされるものとはなっていない。そこで、契約という約束を守り、法令という決まりを守るということによって表わされる誠意の純粋性は、さらに倫理を守り、社会一般の常識や良識を満たすことを求めるコンプライアンスの概念に及び、その含意を膨らませることになる。

　援助関係における誠意の純粋性は、さらに援助者として利用者に対して嘘偽りのない援助を行うことができているのか、援助の真実性を問いかける。それは非対称性の関係のなかで援助者としての有利な立場から、援助者自身が援助の不適切性を感じながらも援助者本位の都合のよいような援助を行ってはいないか、利用者の意向を踏まえ、ニーズが優先された援助が行われているのか、その真実性が問われていることを意味する。

　生活上の問題の軽減・改善・解決を目指す社会福祉の援助において、何が正しく、何が間違っているのか、あるいは、その良し悪しを判断することは容易ではなく、すぐに結果がだせるものでもない。そして、その判断を、心身上の障害を有するサービス利用者に求めることには限界がある。意思表示が難しく、判断能力に限界のある利用者からして、援助者は信頼を前提とした存在というより、信頼を超えた信認（一方が他方を信じて、すべてを任せる）された存在ともいえよう。であるが故に利用者に対して嘘偽ることのない援助を行うこととしての援助の真実性がコンプライアンスとともに援助者に問われることとなる。

　誠意の純粋性は他者にむけられるだけではなく、自己にもむけられるものであろう。他者と正直に向きあうとともに、自己とも正直に向きあうことが誠意を形成することとなるはずである。ここに援助関係における誠意の純粋性として今ひとつあげておきたいのが援助者自身にむけられる純粋性である。それは援助者が自己にむけて自らの気持ちに嘘偽りがないものであるのかという問いであり、ありのままの自分を受け入れるものとなっているかを意味する。援助者が自らに正直な気持ちで利用者と向き合うことは信頼関係を形成していくうえで重要であるとされ、カウンセリングに

おける来談者アプローチの提唱者である Rogers.C.R が指摘する自己一致に該当するものと考えられる。

　援助において援助者は利用者によい印象をもつとは限らないし、時として批判的な感情を抱くこともあろう。純粋性はその際に、その正直な気持ちを否定することなく、正直に受け入れようとするものである。それは決して批判的感情を抱いているからといって、その感情をありのままに表出するというものではなく、批判的な感情を抱いている自分を素直に受け入れ、自分のなかで理解しようとすることを意味する。

　援助者が自己の気持ちに正直にならず、嘘をついてしまうと、その態度は硬いものとなってしまったり、不自然なものとなってしまう（幡山2009）[1]。そうなると援助者は利用者のことを理解してくれていないのではないかとか、援助者の表面と内面は違うのではないかとの疑念を抱くことにもなりかねない。そして、それは誠意ではなく、誠意のないものとして相手に受け止められることとなってしまう。尾崎（1994）[2]は、援助者が自分の気持ちと正直に向き合い、自分を多面的に理解することは自分や自分の個性を援助関係のなかで活かすことにつながるとする。

---

1) 幡山久美子（2009）「援助関係」『相談援助の理論と方法Ⅰ』（柳澤孝主・坂野憲司編）弘文堂，128.
2) 尾崎新 (1994)『ケースワークの臨床技法　―「援助関係」と「逆転移」の活用―』誠信書房，164.

◀ 第2節　無私性

　自らを優先させることなく、感情にとらわれず、他者を思いやり、尊重するということを意味する無私性は、援助者が利用者を理解し、利用者を信じ、利用者の主体性を確保することに表わされることとなる。

　他者を思いやり、他者の立場を尊重するためには、まず、他者を理解することが必要となる。「理解する」ということは「相手に心をむける」ことであり、「相手の立場にたつ」ことであろう。「相手に心をむける」ということは「相手に関心をもつ」ことであり、関心をもつことによって一人の人間としての他者の存在を意識することができる。メイヤロフ (1987)[3] は、ケアし、ケアされる関係から、ケアする者にはケアするうえで無私 (Selflessness) の要素が求められ、その無私とは純粋に関心をもったものに心惹かれることであり、無私によって自己と相手に対する豊かな感受性をもつことができるとする。そして、自己の関心が他者に焦点化することによって自己の力を最大限に発揮できるとする。

　ケアを提供するサービスの場合などケアする者とケアされる者という援助関係は長期にわたることからマンネリ化する傾向にあり、また、入所施設やデイサービスなど特に集団でのケアの場合、画一的で機械的なかかわりとなりがちである。したがって、多数の利用者に対して長期にわたり関心をもち続け、心を向け続けることは容易なことではない。しかし、利用者に対して関心が向けられないなかでの援助は表面的なものとなってしまい、援助者が利用者を理解すること以前に援助者は利用者からの理解を得ることができなくなってしまう。他者が自己に関心をもってくれているのか、自己にどのように向きあってくれているのかは敏感に推察され、自己

---

3) ミルトン・メイヤロフ (1987)『ケアの本質　―生きることの意味―』(田村真・向野宣之訳) ゆみる出版, 68-70.

が他者に対してどのように向き合おうとするのかに大きく影響することとなろう。

　「理解する」ことにつながる今ひとつの「相手の立場にたつ」ことについては、自己の目線を他者の目線に合わせ、他者への思いを巡らせ、他者を受け容れることをもってアプローチすることができよう。自己の目線を他者の目線に合わせるということは対等性を志向することともいえよう。援助関係において援助者と利用者の立場や思考は異なり、援助関係において完全なる対等性は成立しない。しかし、対等な関係に立とうと意識することによって対等な関係に近づくことができる。自己の目線を他者にあわせ、対等な関係性に近づこうとすることによって他者の抱く思いを理解することができよう。

　また、他者への思いを巡らすこととは、他者との目線を合わせたなかで、他者の現在と過去の状況、他者の気持ち、他者を取り巻く人びとや関係性などを想像し、察することといえよう。尾崎（2006）[4] は、援助者が利用者と向き合うことの一つに利用者の暮らし全体、生きてきた歴史、そして「わからなさ」に想像力を動員することをあげている。そのうえで「人の生活や人生は、家族や社会との関係の上に成り立ち、矛盾や謎を含んだ歴史の上に存在する。社会福祉実践がそのような生活、人生と向き合おうとするのであれば、その基礎に相手に対する広い想像力が存在しなければならない」[5] と指摘する。利用者のこと、利用者を取り巻くことなどについて援助者がもつ五感を総動員して想像し、思いを巡らすことは利用者を理解することにつながることとなろう。

　他者の目線に立って対等な関係を志向し、他者への思いを巡らすことによって、他者を受け容れ、援助者が利用者を受け容れることによって利用者は援助者を信じることができる。他者を受け容れることはBiestek. F. P

4）尾崎新（2006）「利用者と向きあうということ　—ある実習ノートを通して—」『立教大学コミュニティ福祉学部紀要（第8号）』立教大学コミュニティ学部，41-55.
5）尾崎新「前掲」4) 52-53.

が提唱するケースワークの原則の一つにあげられる受容することに該当するものと考えられるが、それは他者の長所と短所、好感が持てる態度と持てない態度、肯定的感情と否定的感情などを含めて、良い、悪い、正しい、正しくないというような判断を伴わず、目の前にいる他者をそのままに受け止めようとするものである。

　他者を受容するためには先の純粋性で指摘したように自己に純粋であること、援助者が自己にむけて自らの気持ちに嘘偽りがないものであること、ありのままの自己を受け容れることが求められる。「相手を受け容れるということは、結局のところ、相手に対していろいろな気持ちを抱く自分自身を受け容れることに他なりません。相手を受け容れるには、まず相手に対して心が揺れ動く自分自身に気づき、その自分を受け容れなければならないのです。その意味で、いつでも、どんな相手にも、求めに応じてかかわってゆけるようにするには、つねに自分自身をみつめて、あらゆる自分を受け容れる用意が必要です。相手を受け容れる余裕は、実は自分自身を受け容れる余裕から生まれるからです」（土屋　2003）[6]。

　援助者が利用者を信じるということはどういうことなのだろうか。援助者は、なぜ、利用者を信じることが求められるのか、そして、利用者の何を信じればよいのだろうか。援助は、先のわからないことを援助者が利用者とともに模索していく過程ともいえる。援助の方向性は援助の目標によって定められるものの、その結果については誰にもわからない。先がわからないなかでの援助者と利用者との協同作業として行われる援助において援助者と利用者の関係には強い信頼関係が求められる。利用者が援助者に対して疑いの気持ちをもっていれば利用者にかかわる真実は覆い隠されてしまい、信頼できない相手（援助者）に自ら（利用者）の生活を委ねることはできなくなってしまう。他者から信頼を得るためには、まず、自らが

6）土屋貴司（2003）「『支える』ということはどういうことか」『ささえあいの人間学』（盛岡正博編）法蔵館，59-60.

他者を信じることが必要となろう。自分が相手を信じなければ、相手も自分を信じてはくれない。援助者が利用者を信じることは、利用者から信頼を得ることにつながる。

利用者から信頼を得るために援助者は利用者の何を信じればよいのか、先の土屋（2003）[7]は人を支える原則の一つとして人を信じることをあげ、その人の何を信じるのかについて「相手の能力を信じる」こととする。ここにあげられる能力とは、判断や同意を与える能力、危機状態から脱したり悲嘆の状態から立ち直ったりする回復力、成熟した人間になってゆく成長力などを含んだ「できること」「可能性」を指し、その能力を信じることができなければ人を支えることはできないと指摘する。

もちろん、人の能力は同じではないし、可能であることと不可能なことがある。しかし、能力そのものと、その能力を発揮することとは異なり、また、その人が有する能力そのものも固定化されたものではない。社会福祉法（第3条）に規定される福祉サービスの基本理念では「福祉サービスは、個人の尊厳の保持を旨とし、その内容は、福祉サービスの利用者が心身ともに健やかに育成され、又はその能力に応じ自立した日常生活を営むことができるように支援する」とされ、その人の有する能力に応じた支援が要求されている。

援助が利用者の主体性を確保されたものでなければならないのは、何よりも援助が利用者の営む生活そのものを支える取り組みであり、他の人にむけてのものではないからである。援助における援助者と利用者との関係は非対称にあり、援助者が利用者そのものになることはできない。利用者が抱える生活上の困難性や問題を援助の対象とし、利用者の生活の安定を目的とする援助において、利用者より優先される人は存在しない。しかし、実際の援助の場面において利用者の主体性を確保することができているのかを問われたとき、自信をもって肯定できる援助者がどれほど存在するの

---

7) 土屋貴司「前掲」6) 54-57.

であろうか。往々にして援助者主体となってしまっている現実を否定することはできないであろう。それはなぜなのだろうか。

　利用者の特性上に自らの意思表示が難しい人たちが存在すること、援助者の職場環境上に限られた時間のなかで複数の利用者に対して援助が行われていること、これまでに行政主導の下に展開されてきた措置制度が利用システムの主流にあったこと、援助を受けることに対するサービス利用者意識として「お世話になっている」との受動的な受け止め方があることなど援助者主体に傾いてしまう背景をあげることができる。

　利用者の主体性を確保する「利用者主体」は、福祉サービスが、ともすれば援助者の都合や思惑によって影響を受け、必ずしも利用者の視点に立脚して供給されてこなかったことを反省し、改善するための理念ともいえる。サービス利用において利用者と援助者との関係は一方がサービスを快く受け、他方ができる限り利用者にとって満足できる充実感を味わうことができるような適切かつ効果的なサービスを実践する関係にある（今井1994）[8]。

8) 今井行夫（1994）『老人ホームの実践的処遇論』中央法規, 29.

◀ 第3節　真摯性

　誠意の真摯性とは、真剣にして熱心に、一生懸命になるさまを意味する。援助関係において真剣、熱心、一生懸命であることの前提として理解しておかなければならことが、その真剣、熱心、一生懸命であることの方向性と結果である。つまり、援助に有益であることを前提として一生懸命でなければ援助関係における誠意の真摯性は成り立たない。誠意の真摯性は、社会福祉実践の使命に適い、目的を達成するという責任と結びつき、それが行為の基準となった時にその価値を発揮することになる。

　援助において援助者がやる気をもって一生懸命に利用者とかかわり、取り組んでいこうとする姿勢があったとしても、援助の目的に適う方向性にむかっての援助でなければ独り善がりの援助となってしまう。誠意の特性である心情性は主観的になってしまうとの問題が指摘され、何が誠意なのかわかり難く、一方的になってしまうことが指摘されている（相良　1980 9)、矢部　1988 10)、金山　1989 11)）。したがって、援助関係における真摯性の反映は、誠意の主観性を排除することが前提とされなければならない。誠意における主観性の排除は真摯性だけではなく、純粋性、無私性とともにあてはめられるものといえよう。

　さらには援助者が熱意を持つこと、一生懸命であることを自覚することも重要である。熱意を自覚することなく、無自覚でむけてしまうこともまた援助を混乱させてしまう要因となり得る。尾崎（1994）12) は「悲惨な状態におかれたクライエントをみていられない」からとか、「役に立ちたい」からという比較的自然な動機に基づく熱意もあれば、「精一杯やっている

9) 相良亨（1980）『誠実と日本人』ぺりかん社，全215.
10) 矢部正秋（1988）『「誠意」の通じない国』日本経済新聞社，全193.
11) 金山宜夫（1989）『国際感覚と日本人』NHKブックス，全203.
12) 尾崎新（1994）『ケースワークの臨床技法　―「援助関係」と「逆転移」の活用―』誠信書房，
　　138-139.

のだから」と自分にいい聞かせることによって迷いを消そうとするとも熱意もある、そして、「一生懸命にやっているのだから」と迷いを満足感に変えることもあるとして熱意の背景にある動機を客観化し、自覚することが大切であることを指摘する。

　主観性を排除し、自覚することを前提としたうえで、援助における真摯性に性格づけられる、真剣、熱心、一生懸命とは、まず、援助専門職者として援助を適切に行うことができるための専門的能力（専門性）を身につけておくこと、援助にかかわる知識、技術、倫理をしっかりと習得しておくことに表わされる。専門的能力を持つ援助者による援助によって専門性のある援助関係を結ぶことができる。

　窪田 (2013) [13] は専門性のある援助関係とは、「一定の資格を持ち、しかるべき福祉援助機関・団体に所属しているという外的条件だけではなく、援助に関する専門教育を受け、その過程で習得した基本的な科学知識と技術を駆使して、クライエントの提示している問題の解決に向かって責任をもって対応するときにクライエントとの間につくられ、かつその援助を効果的にするうえで必要な信頼関係をその内容としている」とする。専門的な援助が「経験と勘」を基準として行われるものであってはならないし、「思いつき」の援助であってはならない。自分だけの見方、捉え方に基づく主観による援助は混乱をもたらすものともなってしまうからである。均質性のある連続したサービスを確実に提供していくためにも専門性が確保された計画的で科学的な援助が必要となる。

　援助関係の真摯性は援助専門職者として要求される専門性をしっかりと身につけておくこととともに、その有する専門性をしっかりと発揮するという実行力にも表わされる。援助専門職者が専門性をしっかりと身につけているということと、その専門性をしっかりと発揮するということとは異なり、しかし、その両方が確保されて専門性の高い援助が実現されること

---

13) 窪田暁子 (2013)『福祉援助の臨床　―共感する他者として―』誠信書房, 17.

になる。援助専門職者として専門的能力を持ちながらも実行力をもってその専門的能力を発揮しようとしない援助は怠慢であり、一生懸命に取り組んでいく姿勢が専門職にあったとしても専門的能力がないことによって問題が解決されなければ援助は成り立たない。

　援助関係において目指される関係としての信頼関係の視点からも、援助者が専門性の高い能力を有していることは信頼の対象となり、また、その能力を最大限に活かし、取り組んでくれることもその対象となろう。利用者は、しっかりとした専門的能力をもって一生懸命に取り組んでくれる実行力のある援助者に対して信頼を抱き、信頼関係を築いていくことになるはずである。そして、責任をもって実行するためには援助にかかわるメンバーがまとまることが大切である。

　援助関係の真摯性は最終的に「責任をもつ」ということに帰結しよう。専門性をしっかりと身につけておくこと、そして、その専門性をしっかりと発揮し、実行するということに責任をもっているのかが援助者に問われることとなる。求められる責任を、援助者がどのように感じ、そして、果たそうとするのかは援助関係に表わされる真摯性を構成する重要な要素となる。

　援助関係において責任をもつということはどういうことなのだろうか。誰が、誰に対して、どのような責任をもつのだろうか。「誰が」については、援助者がということになろうが、援助関係における責任は援助者だけが負うものではない。多くの援助者は組織に属する。事業所・施設などのサービス提供組織、さらには社会福祉法人、医療法人、特定非営利法人、株式会社などの法人に属する。すなわち、援助者は個人として援助を行う立場にはなく、組織に属する一職員としての専門職者として援助を行う立場にたつ。このことから援助者の責任は、事業所・施設、そして、法人という組織にも及ぶこととなる。

　次に援助者や、援助者が所属する組織が、「誰に対して」責任を負うのか。それは利用者に対して責任を負うことになるが、利用者本人とともにその家族、さらには地域や社会にも広げられよう。利用者の家族は利用者と問

題を共有し、利害をともにする関係にある。サービスは利用者にむけて提供されるとともに、その家族に対しても負担軽減を図る機能などをもって提供されることとなる。したがって、援助者やその組織は利用者とともに、その家族に対して直接的な責任を負うことになる。また、サービスを提供する事業者は、高い公益性を有するなかで社会的責任が課される存在であり、援助者やその組織は地域や社会に対して間接的な責任を負うことにもなる。

　援助者やその組織は、利用者などに対してどのような責任を負うのか。責任が問われる状況には、過去に関する責任の状況と未来に関する責任の状況があるとされる（滝川　2003）14)。前者は、ある行為の結果、何らかの問題が生じた状況において問われる責任であり、後者は、何らかの課されるべき課題が生じている状況にあるなかで問われる責任である。援助は、過去－現在－未来の時間を通じての営みであり、現在を基点として過去に関しても未来に関しても責任を負うものである。その責任の基準となるものは、いずれの責任ともに利用者が抱えている問題を軽減・改善・解決する方向にむけて援助者や組織としての役割を果たしていくことであり、契約という約束を守り、法令という決まりが守られたコンプライアンスに見合うサービスを提供することといえよう。

　ただし、援助者はすべての援助において利用者が抱えている問題を軽減・改善・解決することができるのか、人の力では解決できない現実に直面し、苦しみを前にして逃げ出すことのできない人たちがいる。稲沢（2002）15)は、人が人に対して無力さを共有し、逃げ出さないこと、見捨てないことを決意することが友人関係や恋人関係、夫婦関係や親子関係、そして援助関係といった位相の違いを超えたレベルにあって人と人との関係性を根底で規定する大きな要素となること、それは、人との関係を取り結ぶ際に求

14）滝川裕英（2003）『責任の意味と制度　―負担から応答へ―』勁草書房，15-20.
15）稲沢公一（2002）「援助者は『友人』たりうるのか　―援助関係の非対称性―」『援助するということ』（古川孝順・岩崎晋也・稲沢公一・児島亜紀子）有斐閣，194-195.

められる「誠実さ」とでも呼べるようなものではないかという。どうすることもできない状況を前に、無力さを共有し、援助から逃げ出さないこと、見捨てないことを決意し、引き受けることは、援助関係の真摯性として表わされる「責任をもつ」ことの最後に援助者に問われることといえるのかもしれない。

　未来に関する責任は日々の経過のなかで直ちに過去に関する責任へと移行し、問われることとなる。援助に伴う責任は、過去と未来の責任をともに抱えながら並行して存在する。

注

1) 幡山久美子（2009）「援助関係」『相談援助の理論と方法Ⅰ』（柳澤孝主・坂野憲司編）弘文堂，128.
2) 尾崎新（1994）『ケースワークの臨床技法　―「援助関係」と「逆転移」の活用―』誠信書房，164.
3) ミルトン・メイヤロフ（1987）『ケアの本質　―生きることの意味―』（田村真・向野宣之訳）ゆみる出版，68-70.
4) 尾崎新（2006）「利用者と向きあうということ　―ある実習ノートを通して―」『立教大学コミュニティ福祉学部紀要（第8号）』立教大学コミュニティ学部，41-55.
5) 尾崎新「前掲」4) 52-53.
6) 土屋貴司（2003）「『支える』ということはどういうことか」『ささえあいの人間学』（盛岡正博編）法蔵館，59-60.
7) 土屋貴司「前掲」6) 54-57.
8) 今井行夫（1994）『老人ホームの実践的処遇論』中央法規，29.
9) 相良亨（1980）『誠実と日本人』ぺりかん社，全215.
10) 矢部正秋（1988）『「誠意」の通じない国』日本経済新聞社，全193.
11) 金山宣夫（1989）『国際感覚と日本人』NHKブックス，全203.
12) 尾崎新「前掲」2) 138-139.
13) 窪田暁子（2013）『福祉援助の臨床　―共感する他者として―』誠信書房，17.
14) 滝川裕英（2003）『責任の意味と制度　―負担から応答へ―』勁草書房，15-20.
15) 稲沢公一（2002）「援助者は『友人』たりうるのか　―援助関係の非対称性―」『援助するということ』（古川孝順・岩崎晋也・稲沢公一・児島亜紀子）有斐閣，194-195.

お わ り に

　誠意は流れていく時代の背景や人びとの価値観などを吸収して形成されてきた観念であり、思想といえる。それは、いわば日本人が作りあげてきた誠意といえるのかもしれない。長年にわたり培われてきた日本的心性ともいえる誠意を取りあげ、誠意とは何かを問い、探求することは無謀ともいえる試みだったのかもしれない。しかも、その誠意を、人が人を支えるという人間特有の本性にかかわることに焦点化し、社会福祉実践の価値規範として援用することは容易ではなかった。

　本書作成に取り組むなかで常に誠意の含意に込められる言葉の重みが意識され、すすめていくほどに強く体に圧しかかってくる感覚を覚えた。そして、自らが誠意を論じることができるのか、問われ続けられているようでもあった。しかし、自身のことは横におき、割り切りながらどうにか書き終えたというのが正直なところである。本書をまとめたという感覚はなく、本書を書き終えてとりあえず誠意から解放されたという気持ちである。

　本書は多くの研究上の課題を残すものとなった。それは何よりも筆者の力量不足を理由とし、限界を感じるところである。そのうえで、ひとまずここに人を支える社会福祉実践における価値規範としての誠意を提起したい。今後、読者の皆様方の忌憚のないご意見をいただくなかで、再び誠意と向きあい、研究課題を補っていければと思っている。

　最後になるが、これまでにご多忙のなか調査に協力をいただいた多くのサービス利用者の方々や事業者の方々に心から感謝申し上げたい。また、本書の刊行を快くお引き受けいただきました川島書店の中村裕二社長にお礼を申し上げたい。

参 考 文 献

秋山智久 (2016)『社会福祉の思想』ミネルヴァ書房.

Bland, Robert., Laragy, Carmel., Giles, Ros., & Scott, Virginia (2006) Asking the customer:exploring consumers views in the generation of social work practice standards, Australian Social Work, 59 (1).

Cialdini, R. B. and Trost, M R. (1998) Social Influence:Social Norms, Conformity and Compliance, Gilbert, D., Fiske, S. T. and Lindzey, G. eds. The Handbook of Social Psychology, Oxford University Press.

Combs, Arthur W., Avila, Donald L., & Purkey, William W. (1978) Helping relationships. Basic concepts for the helping professions, Allyn and Bacon, Inc. Newton, Mass（大沢博・菅原由美子訳 (1985)『援助関係 ―援助専門職のための基本概念―』ブレーン出版).

江口賀子「家庭における高齢者介護と虐待」倉田康路・滝口 真監修 (2011)『高齢者虐待を防げ ―家庭・施設・地域での取組み―』法律文化社.

藤原史博・勝原裕美子 (2010)「患者に対する看護師の誠意の構造 ―インタビューの結果から―」『日本看護管理学会誌 (Vol. 14 No. 2.)』日本看護管理学会.

藤井賢一郎 (2017)「福祉サービスにおける組織・経営」『福祉サービスと経営』中央法規.

福山和女 (2018)「ソーシャルワーカーが準ずる原則」『相談援助の理論と方法 I』(社会福祉士養成講座編集委員会編) 中央法規.

古川孝順 (2017)「社会福祉の価値と普遍的価値」『現代社会と福祉』中央法規.

古川孝順 (2018)「福祉政策の理念」『現代社会と福祉 (第 4 版)』(新社会

福祉士養成講座編集委員会編）中央法規.

後藤玲子（2017）「福祉の思想と哲学」『現代社会と福祉（第4版）』（新社会福祉士養成講座編集委員会編）中央法規.

幡山久美子（2009）「援助関係」『相談援助の理論と方法I』（柳澤孝主・坂野憲司編）弘文堂.

広井良典（2013）「いま、『ケア』を考えることの意味」（広井良典編著『ケアとは何だろうか』ミネルヴァ書房.

広井良典（2013）『ケアとは何だろうか』ミネルヴァ書房.

久松信夫（2018）「相談援助の過程」（川村匡由編）『相談援助』建帛社.

一番ケ瀬康子（1963）『アメリカ社会福祉発達史』光生館.

今井行夫（1994）『老人ホームの実践的処遇論』中央法規.

稲葉昭英（2013）「インフォーマルケアのケアの構造」『親密性の福祉社会学　―ケアを織りなす関係―』（庄司洋子編）東京大学出版会.

稲沢公一（2002）「援助者は『友人』たりうるのか　―援助関係の非対称性―」『援助するということ』（古川孝順・岩崎晋也・稲沢公一・児島亜紀子）有斐閣.

稲沢公一（2017）『援助関係論入門　―「人と人との」関係性』有斐閣アルマ.

井上勝也（2007）『歳をとることが本当にわかる50の話　―老後の心理学―』中央法規.

岩間伸之（2012）「予防的支援とインフォーマルサポート」『地域福祉援助をつかむ』（岩間伸之・原田正樹編）有斐閣.

梶田叡一（2009）『日本の感性　和魂ルネッサンス』あるとろ出版.

金山宜夫（1989）『国際感覚と日本人』NHKブックス.

金子充「社会福祉の理念」（2015）松原康雄・圷洋一・金子充『社会福祉』中央法規.

菊池馨実（2019）『社会保障再考　―〈地域〉で支える―』岩波新書.

木村晧一（2001）「誠意をもって向き合えば必ず相手も誠意をもって返してくれる。何事も誠意」心の開発集団―JAM編『Talk Talk / 32号』.

厚生労働省令「指定居宅サービス等の人員、設備及び運営に関する基準」（平

成 11.3.31, 厚令 37).

厚生労働省「我が事・丸ごと」地域共生社会実現本部（2017）「『地域共生社会』の実現にむけて（当面の改革工程)」.

孝橋正一（1962）『全訂社会事業の基本問題』ミネルヴァ書房.

高　厳（2006）『誠実さ（インテグリティ）を貫く経営』日本経済新聞社.

窪田暁子（2013）『福祉援助の臨床　―共感する他者として―』誠信書房.

倉田康路（1999）「特別養護老人ホームにおけるサービスの『理念』に関する検討　―施設運営計画の分析から―」『介護福祉学（第 6 号)』日本介護福祉学会.

倉田康路（2017）『クオリティを高める福祉サービス』学文社.

倉田康路（2000）「福祉施設利用者のボランティア活動者に対する問題の指摘と要望」『福祉教育・ボランティア学習研究年報（第 5 巻 1 号)』日本福祉教育・ボランティア学習学会.

京極高宣（2020）『現代福祉学の再構築』ミネルヴァ書房.

Lynn Sharp Paine (1997) Cases in Leadership, Ethics, and Organizational Integrity : A Strategic Perspective (梅津光弘・柴柳英二訳『ハバードのケースで学ぶ企業倫理―組織の誠実さを求めて―』慶応義塾大学出版会, 1999).

Mason, Karen.,Olmos-Gallo, Antonio., Bacon, Donald., McQuilken, Michael., Henley, Aimee., & Fisher, Steve (2004) Exploring the consumers and providers perspective on service quality in community mental health care, Community Mental Health Journal, 40 (1) .

松下幸之助（2010）「誠意と真心」『思うまま（新装版)』PHP.

ミルトン・メイヤロフ（1987）『(田村真，向野宜之訳)：ケアの本質　―生きることの意味―』ゆみる出版.

南出康世編集主幹（2015）『ジーニアス英和辞典』大修館書店.

宮垣　元（2003）『ヒューマンサービスと信頼』慶應義塾大学出版会.

中井政嗣(2002)「人づきあいの秘訣は誠意につきる」『潮(523 巻)』潮出版.

西田知己（2017）「誠実」『日本語と道徳』筑摩書房.

小河徳恵・佐野涼子・黒岩尚美ほか（2003）「術後患者の回復意欲となる要因」『山梨大学看護学会誌（Ⅰ-2）』山梨大学.

太田　仁（2005）『たすけを求める心と行動　―援助要請の心理学―』金子書房.

大谷京子（2012）『ソーシャルワーク関係　―ソーシャルワーカーと精神障害当事者―』相川書房.

尾崎新（1994）『ケースワークの臨床技法　―「援助関係」と「逆転移」の活用―』誠信書房.

尾崎新（2006）「利用者と向きあうということ　―ある実習ノートを通して―」『立教大学コミュニティ福祉学部紀要（第8号）』立教大学コミュニティ福祉学部.

Peter F. Drucker (1954) The Practice of Management, : Published in hardcover edition by Harper & Row.

P.Fドラッカー（上田惇生編訳）（2010）『マネジメント―基本と原則―』ダイヤモンド社.

P.Fドラッカー（上田惇生訳）（2001）『現代の経営（上）』ダイヤモンド社.

P.Fドラッカー（上田惇生訳）（2006）『現代の経営（下）』ダイヤモンド社.

Peter F. Drucker (1954) The Practice of Management, : Published in hardcover edition by Harper & Row.

ライオネル・トリリング：野島秀勝訳（1989）『〈誠実〉と〈ほんもの〉』（1989）法政大学出版局.

ルーズ・ベネディクト：長谷川松治訳（2005）『菊と刀』講談社学術文庫.

相良　亨（1958）『日本人の伝統的倫理観』理想社.

相良　亨（1980）『誠実と日本人』ぺりかん社.

相良　亨（1998）『日本人の心と出会う』花伝社.

相良　亨（1984）『日本人の心』東京大学出版社.

佐藤俊一（2007）「利用者とソーシャルワーカーの関係　―専門性の基礎を問う」『臨床に必要な人間関係学』（柳澤孝主編）弘文堂.

沢井昭男（1981）「学校教育目標に関する実証的研究」『日本教育行政学会年報（第7巻）』日本教育行政学会.

瀬戸恒彦（2014）『介護事業の基礎力を鍛えるコンプライアンス経営』日本医師企画.

関川芳孝（2012）「利用者本位への改革はすすんだか」『現代の社会福祉100の論点（vol.2）』全国社会福祉協議会.

下村哲夫（1994）「学校教育目標の具現化」『学校運営』第一法規出版.

鍾　清漢（2002）「儒家思想と道徳教育」『川村学園女子大学研究紀要（第13巻）』川村女子大学.

島津　望（2005）『医療の質と患者満足　—サービス・マーケティング・アプローチ—』千倉書房.

武居　敏（2016）「社会福祉法人・施設の経営管理」『社会福祉施設経営管理論』全国社会福祉協議会.

武内義雄（1943）「日本の儒教」『易と中庸の研究』岩波書店.

滝川裕英（2003）『責任の意味と制度　—負担から応答へ—』勁草書房.

田尾雅夫（2001）『ヒューマン・サービスの経営』白桃書房.

多和幼子（2009）「患者に対する誠実性のある態度についての一考察　—態度形成段階の基準を基に事故の態度を分析して—」『神奈川県立保健福祉大学実践教育センター看護教育研究集録（34）』神奈川県立保健福祉大学実践教育センター.

土屋貴司（2003）「『支える』ということはどういうことか」『ささえあいの人間学』（盛岡正博編）法蔵館.

袖井孝子（2008）「家族介護は軽減されたか」上野千鶴子・大熊由紀子・大沢真理・神野正彦・副田義也編『家族のケア家族へのケア』岩波書店.

上野千鶴子（2008）「ケアされるということ　—思想・技法・作法—」『ケアされること』（上野千鶴子・大熊由紀子・大沢真理・神野直彦・副田義也編）岩波新書.

上野徳美・岡本祐子・相川充編著（2013）『人間関係を支える心理学』北大路書房.

浦野正男 (2017)「サービスマネジメント」『福祉サービスと経営』中央法規.

矢部正秋 (1988)『「誠意」の通じない国』日本経済新聞社.

山岸俊男 (2009)『信頼の構造 ―こころと社会の進化ゲーム』東京大学出版会.

山岸俊男・小宮山尚 (1995)「信頼の意味と構造 ―信頼とコミットメント関係に関する理論的・実証的研究」『INSS Journal (2)』株式会社原子力安全システム研究所.

山口明穂・和田利政・池田和臣編 (2017)『旺文社 国語辞典 (第11版)』旺文社.

吉田 勇 (1998)「『誠意』規範研究の三つの系譜 (1)」熊本法学 (92号)』熊本大学法学会.

吉田 勇 (1998)「『誠意』規範研究の三つの系譜 (2)」熊本法学 (93号)』熊本大学法学会.

吉田 勇 (1998)「『誠意』規範研究の三つの系譜 (3)」熊本法学 (94号)』熊本大学法学会.

吉田 勇 (1996)「社会規範としての『誠意』について」『法社会学 (48)』有斐閣.

吉田 勇 (1997)「社会的な交渉規範の一断面 (1) ―『誠意』規範の内容とその機能―」『熊本法学 (89号)』熊本大学法学会.

初　出　一　覧

倉田康路（2018）「社会福祉と『誠意』（Ⅰ）　―かかわりの概念としての
　　誠意の含意と諸相―」『西南学院人間科学論集（第 14 巻第 1 号）』西
　　南学院大学学術研究所，195-216.

倉田康路（2019）「社会福祉と『誠意』（Ⅱ）　―社会福祉の価値規範の視
　　点からのアプローチ―」『西南学院人間科学論集（第 14 巻第 2 号）』
　　西南学院大学学術研究所，69-84.

倉田康路（2019）「福祉サービス事業者に求められているサービス提供上
　　の『誠意』―介護保険サービス苦情申立人へのインタビュー調査を
　　通して―」『日本看護福祉学会誌（Vol.24-No2）』日本看護福祉学会，
　　30-44.

倉田康路（2020）「社会福祉と『誠意』（Ⅳ）　―社会福祉援助の視点から
　　援助関係に着目して―」『西南学院人間科学論集（第 15 巻第 2 号）』
　　西南学院大学学術研究所，165-196.

倉田康路（2020）「ケアサービス利用者が受け止める『誠意』の構造　―
　　デイサービス利用者に対するインタビュー調査を通して―」『日本看
　　護福祉学会誌（Vol.25-No2）』日本看護福祉学会，65-78.

倉田康路（2020）「福祉サービス提供上の『誠意』の形成と崩壊　―介護
　　保険サービス苦情申立て事例の分析を通して―」『九州社会福祉学（第
　　16 号）』日本社会福祉学会九州部会，31-44.

倉田康路(2021)「介護事業者のサービス提供にむけて意識化される『誠意』」
　　『九州社会福祉学（第 17 号）』日本社会福祉学会九州部会，42-53.

倉田康路（2021）「社会福祉と『誠意』（Ⅵ）　―社会福祉実践を支える新
　　たな価値規範の提起―」『西南学院人間科学論集（第 17 巻第 1 号）』
　　西南学院大学学術研究所，111-130.

著 者 略 歴

倉田康路（くらた　やすみち）

1966年　長崎県生まれ
2001年　関西学院大学大学院博士後期課程社会学研究科単位取得後満期退学
2003年　西九州大学・大学院教授、2014年　同健康福祉学部長
現　在　西南学院大学・大学院教授、博士（社会福祉学）、社会福祉士
社会活動　日本社会福祉学会理事、国民生活の将来像懇話会委員、社会福祉
　　　　　士国家試験委員などを経て、現在、日本看護福祉学会副理事長、日
　　　　　本地域福祉学会理事、教科書図書検定調査審議会臨時委員　ほか

著　書

　　　『クオリティーを高める福祉サービス』（単著）学文社
　　　『介護保険サービス苦情の構造』（単著）学文社
　　　『サービス計画の理論と実践モデル』（単著）金芳堂
　　　『高齢者虐待を防げ』（共監著）法律文化社
　　　『社会福祉概論』（共著）ミネルヴァ書房
　　　『福祉実践の未来を拓く』（分担執筆）中央法規
　　　『老人福祉論』（分担執筆）全国社会福祉協議会
　　　『社会保障論』（分担執筆）建帛社
　　　『社会福祉の原理と政策』（分担執筆）ミネルヴァ書房
　　　『現代社会福祉用語辞典』（編集代表）学文社　ほか

人を支える誠意 ― 社会福祉実践における価値規範の探求 ―

2023 年 12 月 20 日　第 1 刷発行

著　著　倉　田　康　路

発行者　中　村　裕　二

発行所　㈲　川　島　書　店

(本社) 〒 165-0026
東京都中野区新井 2-16-7
電話 03-3388-5065
(営業・流通センター) 電話 & FAX 03-5965-2770

© 2023
Printed in Japan　　DTP 風草工房／印刷・製本 モリモト印刷株式会社

落丁・乱丁本はお取替いたします　　　振替・00170-5-34102

＊定価はカバーに表示してあります
ISBN978-4-7610-0957-1　C3036

包括的支援法の体系化を目指して

加茂 陽 著

問いかけという日常的な言葉を土台とし、生活場面での問題解決、即ち新たな知の生成への支援法を提示する。問いかけを軸とした、ラディカルに変容を加えた評定法、問題解決法、そして効果測定法についての語りは、既存の支援論の教科書が提示する問題解決法の曖昧さに悩む実践者の支援活動に貢献する。

ISBN978-4-7610-0954-0 A5判 236頁 定価3,850円(本体3,500円＋税)

苦しみを和らげる認知症ケア

村田久行 編著

認知症の人の苦しみは深い。プライドも、恐怖もある。介護する人の苦しみも深い。困惑と苛立ち、疲れと無力を感じる日々である。この本は、認知症の人も介護する人も互いに「わかってもらえない苦しみ」から抜け出し、認知症の人とケアに携わる人々の命と生きる意味が回復することを願い書かれた。

ISBN978-4-7610-0955-7 A5判 228頁 定価3,080円(本体2,800円＋税)

ASD・知的障害のある人の包括的支援

是枝喜代治・蒲生としえ 編著

障害児者支援施設では知的障害をはじめ、自閉スペクトラム症（ASD）への対応などさまざまな課題が生じる中、利用者個々人の障害特性の理解、具体的な支援方法、関わり方のノウハウなどを、長年にわたり知的障害児者やASDの相談、支援、診断に携わってきた現任者が支援の実際を解説する。

ISBN978-4-7610-0950-2 A5判 216頁 定価3,080円(本体2,800円＋税)

高齢者のボランティア活動とたのしさの共有

村社 卓 著

たのしいと人は参加する。サービス利用につないでもらえるシステムは魅力的である。たのしいこととつなぐことは高齢者の孤立予防を実現する推進力である。大都市のコミュニティカフェの実践分析と定性的（質的）データの収集・分析方法，そして理論の生成について解説。定性的研究方法のガイドライン。

ISBN978-4-7610-0949-6 A5判 240頁 定価4,180円(本体3,800円＋税)

こんな子どもに出会ったら

関戸英紀 著

特別な教育的ニーズのある子どもの日常よく見かける行動から〈幼児向け〉，〈対人関係〉，〈問題行動〉，〈学習〉，〈家庭生活〉の順に，支援の実際をとおして，行動に変容をもたらす理論に裏打ちされた，エビデンスに基づいた支援方法を紹介する実践的な入門書。

ISBN978-4-7610-0947-2 B5判 140頁 定価2,750円(本体2,500円＋税)

川 島 書 店

https://kawashima-pb.kazekusa.jp/

定価は2023年10月現在

ケアの思想と対人援助

村田久行 著

患者・クライエントの心配・気懸かりを「引き受ける・担う」という発想から従来の援助に対する考え方を見直す。改訂増補にあたっては旧版での不充分な所を加筆・修正し、新たに人間の「苦しみの構造」に焦点をあてて書き加えている。

ISBN978-4-7610-0642-6 A5判 178頁 定価2,530円(本体2,300円＋税)

援助者の援助

村田久行 著

対人援助の専門職性とは何か？業務としてでなく、どのように援助が実現できるのか？これらの疑問に応える形で"援助者の援助"ができないだろうか…。本書は、その実現を可能にする支持的スーパービジョンの理論と実際。

ISBN978-4-7610-0871-0 A5判 210頁 定価2,640円(本体2,400円＋税)

ケアを生み出す力

佐藤俊一 著

個々の援助者がケアを生み出すために必要な問いを投げかけ、相手をどう受けとめたかを表わす聴く態度から始まり、苦悩できること、気持が動いて行動できる感性を磨く、スムーズには流れない時間を共有する、といった基礎となることを徹底的に検証している。

ISBN978-4-7610-0881-9 四六判 224頁 定価2,420円(本体2,200円＋税)

ソーシャルワークの実践モデル

久保紘章・副田あけみ 編著

ソーシャルワーク実践モデルの発展を4つに分け、第1部では、1期と2期の実践モデル、すなわちソーシャル・ケースワークの実践モデルを解説。第2部では、3期と4期の、生態学やシステム論に基づく統合実践モデルと新しく登場した実践モデルを明快に解説。

ISBN978-4-7610-0821-5 A5判 258頁 定価2,970円(本体2,700円＋税)

新ＡＬＳケアブック・第二版

日本ＡＬＳ協会 編

"新しいＡＬＳ観"そして今日のＡＬＳ患者の療養環境は、ＡＬＳ患者自身や関係者の生死を越えた戦いによって整えられてきたものである。この本は、ＡＬＳについて日本の叡智とも讃えられるべき執筆陣による、世界に誇れるＡＬＳの手引き書。

ISBN978-4-7610-0892-5 B5判 298頁 定価3,740円(本体3,400円＋税)

川 島 書 店

https://kawashima-pb.kazekusa.jp/　　　定価は2023年10月現在